스토리텔링의 비밀이 된
아리스토텔레스의 시학

핵심 용어들의 그리스어와 영어

미메시스 Mimesis
- imitation, representation

카타르시스 Catharsis,
- purgation, purification clarification

반전, 뒤바뀜 Peripeteia
- reversal

알아봄, 깨달음 Anagnorisis
- recognition, identification, learning and inference

판단착오 Harmartia
- miscalculation, error, error in judgment, frailty, tragic flaw

플롯 Mythos
- plot, action, story

캐릭터 Ethos
- character

생각, 주제 Dianoia
- thought, theme

대사 Lexis
- diction, speech

멜로디 Melos
- melody

비주얼 Opsis
- spectacle

인문학 간편 읽기

스토리텔링의 비밀이 된
아리스토텔레스의 시학

번역·해설 박정자

인문서재

목차

서　　문　막장드라마와 아리스토텔레스 6
역자 해설　『시학』의 더 나은 이해를 위한 9개의 주제별 해설 15

제1장　모방의 수단에 따라 나뉘는 예술 장르 59
제2장　비극은 보통보다 잘난 사람,
　　　　희극은 보통보다 못난 사람을 그리는 것 62
제3장　코미디의 기원 64
제4장　모방과 깨달음은 인간의 원초적 본능 67
제5장　비극은 하루 동안에 일어난 일을 다뤄야 한다 71
제6장　카타르시스, 반전, 깨달음 73
제7장　처음, 중간, 끝 그리고 적당한 크기 79
제8장　단일한 줄거리, 탄탄한 구조 82
제9장　개연성, 필연성, 두려움, 연민 85
제10장　단순한 플롯, 복합적 플롯 90
제11장　깨달음은 무지에서 앎으로의 전환,
　　　　플롯의 세 번째 요소는 고통의 장면 92
제12장　프롤로그, 에피소드, 퇴장 95

제13장	순간적인 판단착오로 비극적인 운명을 맞는 주인공 97
제14장	비극적 사건은 가족처럼 가까운 사이에서 일어날 때 가장 효과가 좋다 101
제15장	인물의 정형화 106
제16장	깨달음의 여러 수법들 111
제17장	핵심적 플롯과 에피소드 115
제18장	플롯의 얽힘과 풀림 119
제19장	고대의 화용론(話用論)? 123
제20장	아리스토텔레스는 언어학의 아버지! 126
제21장	은유(메타포)와 유비(아날로지) – '노년기는 인생의 황혼'은 아날로지 130
제22장	어법의 종류 135
제23장	살라미스 해전과 카르타고 전쟁 139
제24장	잘못된 추론 141
제25장	어떤 일이 개연성에 반하여 일어날 수 있다는 사실 또한 개연성이다 146
제26장	비극은 최고의 예술 155

서문

막장드라마와 아리스토텔레스

'깨달음'의 두 의미

소설, TV 드라마, 혹은 영화에서 생각지도 못한 비밀이 드러나면서 스토리의 흐름이 급격히 변화할 때 우리는 '반전(反轉)이 있다'고 말한다. 놀라운 비밀과 반전의 연결이 정교하면 할수록 독자, 관람자, 혹은 시청자는 쾌감을 느낀다. 최첨단의 트렌디한 이론인 것 같지만 실은 고대 그리스의 아리스토텔레스가 『시학』에서 수립한 미학이다. 영상이 태어나기 2천3백여 년 전(B.C. 335)에 마련된 이 서사기법은 올드하기는커녕 해가 갈수록 새롭고 신선한 젊음을 자랑한다. 깨달음, 반전, 출생의 비밀 등 플롯 이론의 고전인 그의 『시학』은 미학의 기본 도서일 뿐만 아니라 현대의 모든 드라마 작가, 시나리오 작가, 소설가들의 바이블이다.

반전(혹은 뒤바뀜, reversal)은 깨달음(혹은 알아봄, recognition)에 뒤이어 일어난다. 깨달음이란 무지(無知)에서 앎으로의 변화이다. 얼핏 종교적 철학적 함의를 떠올리겠지만 아리스토텔레스의 미학에서는 단순히 '몰랐던 사실을 알게 되었다'라는 뜻이다. 이때까지 모르고 있던 사실이나 어떤 인물의 숨겨진 진실이 새롭게 알려졌을 때 이것을 깨달음이라 한다.

'깨달음'은 단순히 '몰랐던 것을 알게 되었다'는 의미만이 아니라, 많은 것 중에서 어떤 것을 '알아본다'는 친숙함의 의미도 지니고 있다. 여러 화가들의 전시회에서 유독 전부터 익히 알고 있던 낯익은 그림이 가장 훌륭한 작품으로 여겨지거나, 클래식 FM 방송에서 유독 내가 그 선율을 알고 있던 곡들이 가장 감동적으로 느껴졌던 기억이 있을 것이다. 이처럼 예술작품 안에서 친숙한 대상을 알아보고 거기서 즐거움을 맛보는 것, 이것도 깨달음의 영역에 속한다. 영어로 똑같이 recognition이어도 이 경우는 '깨달음' 보다 '알아봄'이 더 적당한 번역어일 듯하다.

르네상스 시대에 원근법 이론을 수립한 알베르티(Alberti)의 『회화론』을 보면, "역사화에서 비록 이름 없는 다른 인물들이 훨씬 더 잘 그려져 있다 해도 관람자의 시선은 잘 알려진 인물의 얼굴에만 집중된다"는 구절이 있다. 르네상스 예술이 아리스토텔레스의 미학을 그대로 계승했음을 보여주는 대목이다.

「피에타」

김기덕의 「피에타」에서 극의 반전이 일어나는 것도 인물의 새로운 정체성을 깨닫고 나서이다. 잔인한 사채 청부업자인 주인공 앞에 갑자기 엄마라는 여자가 나타난다. 이 여인으로 인해 그의 닫혔던 마음의 문이 열리고 점차 사랑의 감정이 생긴다. 어느 날 생일 케이크를 사러 간 사이 말없이 사라진 엄마를 애타게 그리다가 힘들게 찾아가 보니, 빌려간 돈을 갚지 못해 팔이 잘리고, 다리가 잘려 불구가 된 사람들의 집이다. 자신 때문에 고통 받는 여러 가족의 불행 앞에서 그는 처음으로 자신의 행위를 반성한다.

그 때 바로 그의 눈앞에서 엄마가 고층에서 투신하여 참혹한 죽음을 당한다. 사랑하는 가족을 잃는다는 아픔을 뼈저리게 느끼는 순간, 여인은 그의 엄마가 아니라 그가 돈 때문에 죽인 사람의 가족이라는 것이 밝혀진다. 그에게 복수하기 위해 엄마 역할을 연기한 여인이었던 것이다. 이 모든 사실이 밝혀지고 난 뒤에도 주인공은 엄마의 정을 잊지 못해, 스스로 트럭 뒤에 몸을 묶어 처참한 죽음을 맞는다.

오이디푸스와 출생의 비밀

아들은 어머니에 대해 근친상간적 애정을 갖고 있고, 억압된 이 무의식적 욕구를 원만히 해소해야만 정상적인 성인으로 커 갈 수 있다는 것이 프로이트의 그 유명한 '오이디푸스 콤플렉스' 이론이다. 이 가설의 신화적 원형이 바로 소포클레스의 비극 『오이디푸스』이다. 아리스토텔레스의 깨달음과 반전의 이론이 가장 극명하게 제시되는 예이기도 하다. 깨달음이란 비밀을 전제로 한다. 숨겨졌던 비밀이 있었기에 폭로가 있고, 비밀이 드러날 때 깨달음이 있으며, 깨달음 후에 반전이 일어나는 것이다. 소포클레스의 비극 『오이디푸스』에서 이 과정이 완벽하게 구현된다. 그 줄거리는 다음과 같다.

테베의 라이오스 왕과 요카스테 여왕 사이에 태어난 오이디푸스는 아버지를 죽일 것이라는 예언자의 말에 따라 버려진다. 우여곡절 끝에 이웃나라 코린토스의 폴리버스 왕에게 입양되어 왕자로 키워진다. 청년이 된 오이디푸스는 자신이 폴리버스의 친자식이 아니라는 소문을 듣고 생부가 누구인지 알아보기 위해 델포이 신전으로 간다. 거기서 그는, 아버지를 죽이고 어머니와 결혼할 운명이라는 신탁을 받는다. 낙담한 오이디푸스는 예언된 운명을 피하기 위해 코린토스를 떠나 반대방향인 테베로 향한다.

테베로 가는 길에 오이디푸스는 테베의 왕 라이오스를 만난다. 물론 서로를 알아보지 못한 채 각자 2륜 전차의 우선통행권을 두고 싸움을 벌인다. 그리고 오이디푸스가 라이오스를 살해하고 만다.

당시 테베는, 지나가는 사람에게 "아침에는 다리가 넷, 낮에는 둘, 저녁에는 셋인 동물은 무엇인가?"라는 수수께끼를 낸 후, 이 수수께끼를 풀지 못하는 사람들을 마구 죽이는 스핑크스 때문에 민심이 흉흉했다. 오이디푸스는 '사람'이라고 정답을 맞춘다. 사람은 아기 때 네 발로 걷고 장성하여 두 발로 걸으며, 늙어 지팡이를 짚고 걷기 때문이다. 내기에서 진 스핑크스는 절벽으로 몸을 던져 죽고, 테베 왕국은 스핑크스의 저주에서 풀려나 자유로워졌다. 그 보상으로 오이디푸스는 왕비 요카스테와 결혼하고 테베의 왕으로 등극한다. 예언이 모두 실현되었다. 물론 연극 무대 위에선 이 사실이 아직 밝혀지지 않는다.

수년 후 테베에는 역병(疫病)이 돌았다. 사람들은 이 역병이 테베 왕 라이오스를 살해한 죄로 신들이 내린 벌이라며 오이디푸스에게 범인을 찾아 낼 것을 간청한다. 자신이 장본인이라는 사실을 모르는 오이디푸스는 맹인 여 사제 티레시아스(Tiresias)에게 범인을 찾아 달라고 요청한다. 티레시아스는 오이디푸스를 살인자로 지목하고, 오이디푸스는 격노하여 티레시아스가 요카스테의 남동생인 크레온(Creon)과 공모했다고 몰아간다.

마침 코린트로부터 폴리버스의 사망을 알리는 전령이 도착한다. 폴리버스를 자신의 생부라 믿고 있던 오이디푸스에게 전령은 오이디푸스의 생부가 라이오스 왕이라는 것을 알려준다. 엄청난 진실 앞에서 요카스테는 목을 매 자살하고, 오이디푸스는 그녀 옷에 붙어있던 황금 브로치로 자신의 두 눈을 파낸다.

한국의 막장드라마

오이디푸스 신화의 비극성이 보여주듯 비밀 중에서 출생의 비밀만큼 폭발력을 지닌 것은 없다. 요즘 한국의 소위 막장 드라마에서 넘쳐흐르는 것도 출생의 비밀이다. 남편의 누나가 알고 보니 남편의 어머니이고(「보고싶다」), 고아로 버려져 하류 인생으로 살았던 주인공의 쌍둥이 형은 변호사가 되어 상류의 인생을 살고 있다(「야왕」). 남편이 밖에서 낳아온 아이를 없애려 했는데 알고 보니 그 아이가 내 아들이다(「다섯 손가락」). 아버지를 죽인 원수에게 복수했는데 알고 보니 그 원수가 나의 생부다(「메이퀸」). 입양아 출신의 주인공이 우연히 이사 간 집 주인이 사실은 친부모다(「넝쿨째 굴러온 당신」).

결혼한 새 색시에게는 언제나 감춰 둔 아들이나 딸이 있어서, 이제 드라마 도입부에 연관 없는 두 세 가정이 나란히 등장하기만 하면 초등학생도 이 집 딸의 진짜 엄마는 저 집의 엄마인가보다 라고 말할 정도다.

아리스토텔레스인줄도 모르고
아리스토텔레스를 소비해 온 한국의 시청자들

'아리스토텔레스' 하면, 대중과는 멀리 떨어진 고대 그리스 철학자의 이름이고, 『시학』하면, 고매한 인문학자의 관심대상, 아니면 중고등학교 세계사 교과서의 한 대목이다. 일반인들은 그렇게 생각한다. 그러나 오늘날 한국의 가장 인문학적 소양이 없는 사람까지도 실은 아리스토텔레스의 미학에 통달하고 있다. 막장 드라마의 반전과 출생의 비밀 등이 모두 그의 이론이기 때문이다.

17세기 프랑스 희극작가 몰리에르의 희극작품 『시민귀족(Bourgeois Gentilhomme)』은 부유한 시민계급 주르뎅씨(M. Jourdain)가 귀족 작위를 돈으로 산 뒤 나름의 교양을 갖추기 위해 온갖 공부를 다 하면서 벌이는 좌충우돌의 이야기이다. 펜싱과 댄싱은 물론이고 철학, 언어학 등의 인문학까지 공부하는데, 산문과 시를 구분하는 언어학 이론을 배운 뒤 그는 의기양양하게 소리쳐 말한다. "그러니까 나는 평생 이게 산문인 줄도 모르고 산문을 써왔군." 평균적 한국인들도 모두, 평생 그것이 아리스토텔레스의 미학인줄도 모르고 아리스토텔레스의 미학을 소비하고 있었다. 매일 밤 초등학생부터 할머니에 이르기까지 온 국민이 TV 앞에 앉아 『시학』의 예시문과도 같은 드라마를 즐기고 있었으니 말이다!

자, 이제 본격적으로 아리스토텔레스의 『시학』을 읽음으로써 인문학이 구름 위에 떠 있는 학문만은 아니라는 깨달음을 느껴 보자. 본문을 읽기 전에 역자의 해설을 반드시 읽기 바란다. 『시학』을 좀 더 쉽고 정확하게 이해할 수 있도록 역자는 단어들의 어원과 현대적 의미를 꼼꼼히 짚어 보았으며, 원전의 다소 산만한 중언부언(重言復言)을 체계적 미학이론으로 정리하였다. 당연히 아리스토텔레스라는 인물을 소개하였고, 후세 학자들에게 계승된 학문적 맥락을 확인하였다. 특히 '파토스'와 '에토스'라는 용어의 해설은 독자들의 인문학 전반에 대한 이해를 한 단계 업그레이드 시킬 것이라 자부한다.

2013년 무더운 여름 8월에
박정자

역자 해설

『시학』의 더 나은 이해를 위한 9개의 주제별 해설

알렉산더 대왕의 스승이었던 아리스토텔레스

기원전 4세기에서 3세기에 걸쳐 고대 그리스에서 살았던 3인의 위대한 철학자 소크라테스(B.C. 470~399)와 플라톤(B.C. 428~348), 그리고 아리스토텔레스(B.C. 384~322)는 모두 스승과 제자의 관계로, 소크라테스와 플라톤의 나이 차이가 42세, 플라톤과 아리스토텔레스의 나이 차이는 44세이다. 소크라테스는 평생 책을 쓰지 않은 채 젊은이들과의 대화를 통해 자기 사상을 펼쳤으며, 플라톤은 스승의 어록을 집대성하여 그의 사상을 후대에 전하였다. 아테네 학당을 설립하여 젊은이들의 교육에도 힘썼는데, 바로 이 학당의 학생이 아리스토텔레스였다.

『시학』은 비극의 작시법을 다룬 미학 이론서이지만, 아리스토텔레스의 학문 영역은 미학만이 아니다. 삼단논법을 발명하여 논리학의 아버지가 되었고, 온갖 동물에 대한 연구로 생물학의 기초를 마련하였으며, 『니코마코스 윤리학』으로 도덕을 논했고, 『정치학』으로 정치 철학의 기틀을 마련하였다. 가히 모든 학문의 아버지라 할 만 하다.

기원전 3세기 마케도니아 지방에서 태어나 17세에 아테네로 갔던 아리스토텔레스는 평생 아테네의 주류 사회에 진입하지 못했던 아웃사이더였다. 두뇌가 비상했던 그는 플라톤이 세운 아테네 학당에서 공부할 때, 플라톤으로부터 Nous(Intelligence, 지성)라는 별명을 얻기도 했다. 그러나 아테네 사람들이 싫어하는 마케도니아 출신이고, 외모는 별로 매력적이지 않으며, 말은 어눌했기 때문에 동료 학생들의 평가는 그리 좋지 않았다. 플라톤이 죽은 후 아테네를 떠나 트로아드 지방의 아소(현재 터키 지역이다)에서 스스로 학교를 세우고 학생들을 가르쳤다. 당시 그 지역의 참주(僭主)는 헤르미아스(Hermias)였는데, 그는 환관이며 노예 출신이었다. 아리스토텔레스는 그의 총애를 받았고, 그의 조카인 피티아스와 결혼해 딸을 하나 낳았다.

학문이 높다는 명성이 자자하여 마케도니아의 필립 왕으로부터 왕세자를 가르쳐 달라는 부탁을 받았다. 당시 14세

이던 어린 왕세자에게 그는 시와 정치학을 가르쳤다. 이 왕세자가 바로 후일의 알렉산더 대왕이다. 첫 아내가 죽었고, 아마도 창녀라고 전해지는 헤르필리스와 동거하여 아들 니코마코스를 낳았다. 『니코마코스 윤리학』은 이 아들에게 바쳐진 책이다. 미완성이었던 이 책을 나중에 아들이 직접 편집하여 완성했다.

마케도니아가 아테네를 정복한 B.C. 338년에 암살된 필립 왕의 후임으로 어린 알렉산더가 왕이 되었다. 50세에 아테네로 돌아온 아리스토텔레스는 학교를 세워, 학생들과 함께 산책하면서 강의를 했다(여기서 소요학파라는 말이 생겼다). 아침에는 학생들에게 비교(秘敎, ésotérique)를 가르쳤고, 오후에는 일반인을 대상으로 현교(顯敎, exotérique)를 가르쳤다.

어린 시절의 스승이었지만, 알렉산더 대왕은 자신의 페르시아 동화(同化) 정책을 자주 반대하는 아리스토텔레스를 버겁게 생각했고, 둘 사이는 점차 악화되었다. 페르시아식으로 대왕에게 무릎을 꿇지 않았다는 이유로 아리스토텔레스의 조카가 암살되는 사건도 있었다.

마침내 알렉산더 대왕이 33세의 젊은 나이로 죽자 아테네에는 반-마케도니아 정서가 확산되었다. 사람들은 아리스토텔레스를 적대시 했고, 특히 그가 환관 헤르미아스를 신격화한 것을 비난했다. 신변의 위협을 느낀 그는 아내와 두 자녀를 데리고 어머니의 고향으로 도망쳤다. 거기서 그는 62세에 병으로 죽었다. 자살했다는 설도 있다.

『시학』의 정확한 집필 연도는 알려져 있지 않지만 아마도 50세 이후 아테네의 학교에서 강의할 때가 아닌가 추측된다. 비교적 느슨한 구성으로 보아 비교(秘敎)의 강의 노트인 것 같다고 학자들은 말한다. 그의 모든 저작들은 검열과 약탈을 피하기 위해 동굴 속에 숨겨져 있다가 그의 사후 2백 년 만인 기원전 1세기에야 열악한 상태로 발굴되었다. 그때부터 그의 원전이 로마에서 필사되고 공개되기 시작했다.

원래 그리스어로 쓰인 아리스토텔레스의 저작들은 모두 스페인 남부의 번역 학교에서 아랍어로 번역되었고, 그 후에 다시 라틴어로 번역되었다. 그러니까 서구 문명의 뿌리이면서도 그의 담론은 아랍문명을 우회하여 서구 문명 속으로 다시 귀환한 것이다. 『시학』 중에서 희극을 다룬 부분이 유실되었을 것이라는 추정도 있다. 그것이 움베르토 에코의 흥미진진한 소설 『장미의 이름』의 주제가 되었다.

art에 대하여

우선 art의 문제를 이야기해야겠다. 현대어의 art는 라틴어로 ars, 고대 그리스어로는 techne이다. 테크네가 테크닉의 어원이고, 아르스가 아트의 어원이라는 것을 생각하면 예술과 기술은 사실 그 거리가 얼마 멀지 않다.

플라톤이나 아리스토텔레스의 글에서, (아니 칸트의 『판단력 비판』에서조차) art는 배타적으로 예술을 뜻하는 것이 아니라 현대적 의미의 기술과 예술을 아우른다. 시인(poet)의 어원인 poietes도 뭔가를 만들어내는 제조자(maker) 혹은 창작자(creator)의 뜻이었다. 그러므로 techne와 ars를 요즘의 '예술'로 번역하기에는 무리가 있다. 본문에서 art에 대한 번역이 어느 때는 '기술', 어느 때는 '예술'로 되어 있는 것은 이 때문이다.

고대 그리스에서 테크네는 수공예만이 아니라 어떤 사물을 생산하거나 획득하는 모든 기술을 지칭했다. 다시 말하면 모든 창작이 테크네였다. 플라톤(B.C 428~348)은 『소피스트(Sophist)』에서 "전에 존재하지 않던 어떤 것을 존재 속에 들여오는 사람은 생산자이고, 존재 안에 들어온 것은 생산된 것이다(He who brings into existence something that did not exist before is said to be a producer, and that which is brought into existence is said to be produced)"라고 말하면서 이 생산 과정이 바로 테크네라고 했다. 그렇다면 농사를 지어 수확을 하거나, 집을 짓거나, 그릇을 만드는 행위 모두가 아트인 것이다. 구체적 사물을 직접 생산하는 것이 아니라, 정복을 통해 이미 생산된 것을 선취하거나 혹은 다른 사람들이 선취하는 것을 막는 행위, 다시 말해 무역, 전쟁, 사냥도 techne(다시 말해art)라고 플라톤은 말한다. 그러니까 테크네는 유, 무형의 모든 생산을 아우르는 말이었다.

획득하는 아트에는 두 종류가 있는데, 하나는 교환이고 다른 하나는 정복이다. 교환은 자발적이고, 정복은 강제적이다. 교환에는 두 개의 기술이 있는데, 하나는 증여이고, 다른 하나는 판매이다. 교환은 선물, 급료, 구매에 의해 실행되고, 정복은 언어나 행위를 통한 강제적 탈취에 의해 실행된다. 결국 어원적으로 아트는 모든 물건을 생산하는 기술일 뿐만 아니라 경제, 외교, 무역 등 모든 사회과학과 인문학을 통합하는 개념이다. 지금도 복수로 쓴 arts는 인문학 일반을 뜻한다.

스티브 잡스의 애플 현상 이래 기술과 예술의 융합, 기술과 인문학의 융합이 초미의 관심사가 되고 있지만, 그 근원에서 두 영역은 이처럼 동일한 것이었다. 요즘 우리도 '창작'을 '예술'과 동의어로 사용하고 있지 않은가. 그리고 빛이나 컴퓨터를 이용하는 현대의 미디어 아트는 전자기술과 거의 차별이 없지 않은가. 예술과 기술이 하나였던 고대에서 출발하여 점차 예술과 기술이 분리되었던 수 천 년의 세월을 지나 이제 다시 기술과 예술은 하나가 되어 가는 것 같다. 하기는 전통 회화에서도 실물을 거의 완벽하게 재현하는 화가의 기법은 장인(匠人)의 기술과 별반 다르지 않았었다.

『시학』과 미메시스

『시학』은 말 그대로 시(詩) 제작 이론이다. 그러나 아리스토텔레스가 시(詩)라고 부르는 것 안에는 서정시, 서사시, 비극, 드라마 등이 모두 포함되어 있다. 그 당시에는 소설이라는 장르가 없어서 그렇지, 한 마디로 모든 문학이론이며, 더 나아가 모든 서사이론이다. 게다가 고대 그리스어에서 시(poiein)는 그냥 '제작'(making)을 의미하기도 했다.

스승인 플라톤과 달리 그는 모방에 대해 매우 긍정적이었다. 플라톤은 그림이나 서사시 또는 연극이 이데아에서 세 단계나 떨어진 한갓 모방의 모방이어서 아무런 가치가 없다고 비판했다. 그러므로 국가에서 예술가들을 추방해야 한다고 말했다. 아리스토텔레스는 플라톤의 용어인 미메시스를 그대로 가져다 썼지만 그러나 내용까지 그대로 계승하지는 않았다. 오히려 인간이란 원래 모방적 존재이고, 인간에게는 현실을 재현하거나 반영하려는 강한 욕구가 있으며, 모방을 통해 강렬한 쾌감을 느낀다고 했다.

하기는 인간의 모든 성장 단계는 모방의 과정이다. 어린아이는 모방을 통해 성장하여 어른이 되고, 모든 학습은 모방을 통해 이루어진다. 인간의 본성 자체가 모방일 뿐만 아니라 모방의 행위 또는 그 결과에서 인간은 커다란 기쁨을 느낀다. 현실 속에서 별 감흥이 없던 부엌의 낡은 주전자가 도화지에 드로잉으로 그려지면 왜 갑자기 미적 감흥을 일으키는지 한두 번쯤 의구심을 느껴본 사람들이 있을 것이다. 그 비밀이 '모방'에 있다는 것을 아리스토텔레스는 말해준다. 모방을 예술의 기본 원리로 삼은 아리스토텔레스의 미학 이론이 수천 년간 서구 문명을 지배해 온 이유를 알 수 있을 것 같다.

아리스토텔레스에 의하면 모든 예술은 모방의 예술(혹은 기술)이다. 다만 무엇을 수단으로 삼느냐에 따라 장르가 정해진다. 색채와 형상을 수단으로 삼으면 미술, 목소리와 언어를 수단으로 삼으면 시와 음악, 리듬만 사용하면 춤이다. 이때 '모방'(imitation)은 '재현'(representation)과 동의어이다. '모방'을 '재현'으로 바꾸면 우리는 한 걸음 더 현대 미학에 성큼 다가가게 된다.

『시학』에서 아리스토텔레스는 우선 목소리와 언어를 수단으로 삼는 시문학에 관심을 갖는다. 시 문학 중에서도 누구를 대상으로 삼느냐에 따라 비극과 희극이 갈린다. 지체 높은 인간을 모방의 대상으로 삼으면 비극이고, 저급한 인간을 모방의 대상으로 삼으면 희극이다. 현대 TV의 코미디 프로를 생각해 보면 쉽게 이해할 수 있다. 지체 높은 인간을 모방한다는 것은 물론 왕이나 영웅의 비장한 에피소드를 그린다는 뜻이다. 희극이나 비극이 똑같이 모방적인 예술이기는 하지만, 아리스토텔레스의 『시학』은 비극론이다. 그는 희극론도 썼다고 했으나 전해지는 것은 없다.

역시 시문학 중에서 이번에는 모방의 방식이 무엇이냐에 따라 서사(내러티브)와 연극이라는 장르가 갈린다. 순전히 이야기로만 하면 내러티브가 되고, 순전히 행동의 모방만 하면 연극이 된다. 『플라톤의 예술노트』에서 우리는 미메시스(mimesis, 모방)와 디에제시스(diegegis, 언어적 표현)의 구분을 읽은 바 있다. TV 사극에서 탤런트들의 연기가 이어지다가 중간에 역사적 배경을 설명하는 성우의 내레이션이 삽입되는 장면을 연상해 보라. 이때 배우들의 연기가 바로 행동의 모방인 미메시스이고, 성우의 내레이션은 순전히 언어로만 표현하는 디에제시스인 것이다.

아리스토텔레스가 중심 주제로 삼은 운문의 예술은 요즘 말로 하면 스토리텔링이다. '비극은 인간의 행동을 모방하는 예술이다'라고 그가 말할 때 '비극'을 '스토리텔링'으로 바꿔 놓으면 『시학』은 그대로 현대의 서사이론이 된다. 인간의 행동을 모방한다는 것은 사람의 어떤 개별적인 행동을 모방한다는 뜻이 아니라 인생 전체의 줄거리를 연극으로 재현한다는 의미이다. 행동을 뜻하는 영어 단어 action에는 '이야기 줄거리'라는 뜻도 있다.

'행동'이란 결국 '인생'과 동의어이고, 또한 플롯(plot)과 동의어이다. 그러므로 플롯을 비극의 가장 중요한 요소로 생각하는 아리스토텔레스는 인물의 캐릭터보다 플롯이 더 중요하다고 생각한다. 플롯이란 하나의 스토리 안에서 일어나는 사건들의 조합이고, 스토리 안에 사건들을 배치하는 방식이다. 이것이 얼마나 탄탄한 구조를 갖췄느냐에 따라 스토리의 긴장감이 고조되거나 이완되거나 할 것이다.

이렇게 모방된 행동들은 실제로 일어난 사건이 아니라 단지 개연성(probable)일 뿐이다. "시인은 실제로 일어난 일을 이야기하는 것이 아니라 개연성 혹은 필연성에 의해 일어날 수 있는 일을 이야기 한다"(시학 9장)라고 아리스토텔레스는 말한다. 개연성이라 함은, 서사시나 비극 안에서 일어나는 사건이 우리들 모두에게 일어날 수 있다는 뜻이다. 다시 말해 보편성(the universal)이다.

반면에 역사는 이미 일어난 사건만을 이야기하므로 한정된 몇 사람만의 이야기이다. 가령 마리 앙투아네트의 비극은 그녀에게 한정된 것이지 다른 누구에게도 쉽게 일어나는 일이 아니다. 따라서 역사는 특수성(the particular)이다.

그래서 아리스토텔레스는 '비극은 보편성'이며, 역사는 '특수성'이라고 정의를 내린다. 그가 "비극이 역사보다 더 철학적이고 우수"(시학 9장)하다고 주장하는 이유도 시의 개연성이 이처럼 보편성과 닿아 있기 때문이다.

개연성의 규칙(rule of possibility)은 극작가에게 거의 무한대의 창작적 자유를 준다. '일어난 사건'이 아니라 '일어날 수도 있는 사건'을 쓰는 것이므로, 연극은 사실적일 필요가 없고 다만 '사실임즉 하기만' 하면 된다. 결국 인간이 상상할 수 있는 모든 것을 다 쓸 수 있다는 이야기가 된다. 온갖 기기묘묘한 이야기의 막장드라마가 나름 존재 이유를 갖는 것도 이 때문일 것이다.

「올드보이」, 「글래디에이터」 그리고 하마시아

아리스토텔레스에 의하면 한 사람의 운명을 뒤바꿔 놓는 비극적인 불행은 순간적인 판단착오 때문이다. 주인공의 이성을 마비시키는 잠깐 동안의 착오가 엄청난 불행을 몰고 오는 것이다. 이 순간적 판단착오를 그는 하마시아(Harmatia)라고 했다. 영어로는 errors in judgment, miscalculation, mistake 혹은 error로 번역된다. 1902년에 『시학』을 영어로 번역한 사뮤엘 부처는 이것을 frailty로 번역했는데, 아마도 착오란 인간의 원초적 나약함에서 나온 것이라는 생각에서인듯 하다. '판단착오'라는 단어에서는 주체의 의지가 느껴져 '잘못'이 개인의 책임으로 귀속되는 반면, '인간의 나약함에 의한 실수'에는 개인의 의지로 어쩔 수 없는 어두운 숙명의 그림자가 드리워져 있다. 이 두 번째 것이 비극의 비극성을 좀 더 강조해 주는 느낌이다. 이 부당한 불운이 관객의 연민과 공포를 자아낸다.

박찬욱의 「올드보이」에서 평범한 주인공 오대수가 어느 날 영문도 모른 채 납치되어 15년간 끔찍한 감금 생활을 한 것도 어릴 때 순간적인 부주의로 인한 하마시아 때문이다. 납치범 이우진은 어릴 때 오대수와 한 동네에 살았다. 그는 자기 친누나 가슴에 뽀뽀를 하다가 어린 오대수에게 들켰고, 오대수의 발설로 동네에 소문이 퍼지자 결국 누나가 자살했다. 이우진이 오대수를 납치한 것은 바로 이 누나의 복수를 위해서였다. 납치된 지 1년 후 오대수의 아내는 살해되고 그는 아내의 살인범으로 지목된다. 15년 만에 감금에서 풀려난 오대수는 이우진에게 복수하기로 결심한다.

마침내 그를 찾아내 죽이려는 순간, 이우진은 오대수에게 사진첩 한 권을 건넨다. 15년 전에 헤어진 자신의 딸 사진이다. 사진 속 아기는 천천히 변하여, 그가 사랑하고 육체관계까지 맺은 여인이 된다. 깨달음이란 결국 사람의 숨은 정체를 알아봄인데, 그 알아봄 중 근친상간만큼 강렬한 것이 있을까.

근친상간을 모티프로 했다는 점에서 「올드보이」는 오이디푸스 신화와 상호텍스트(intertextuality)적이다. 인간이 잘못을 저지르는 것은 행위자가 알면서 고의로 하거나 아니면 몰라서 저지르고 나중에 진실이 밝혀지거나 두 경우이다. 오이디푸스 신화에서 볼 수 있듯이 비극의 효과가 가장 강렬한 것은 행위자가 모르고 저지른 잘못 때문에 벌을 받는 경우다. 잘못인 줄 모르고 저지른 잘못에 대해 행위자는 사실 아무런 책임도 없다. 이것은 그의 잘못이 아니다. 그런데도 그가 받는 벌은 엄청나서 하나뿐인 인생이 송두리째 파멸해 버린다. 주인공의 이 부당한 운명이 관객의 강력한 연민을 자아낸다. 오이디푸스는 친부인줄 모르고 아버지를 죽였고, 친모인줄 모르고 어머니와 결혼했다. 진실이 밝혀지자 자기 눈을 찔러 앞을 보지 못하는 채 광야로 나가 방랑길에 올랐다.

오이디푸스처럼 오대수도 자기 딸인 줄 모르고 사랑을 했고, 진실이 밝혀지자 스스로 자신의 혀를 잘랐다. 이우진의 복수는 완벽하게 이루어졌다. 오대수도 근친상간을 저질렀고 제 스스로 혀를 자르기까지 했으니 말이다. 그러나 정작 목표를 달성한 이우진은 삶의 의욕을 잃고 자살한다.

영화「글레디에이터」에서도 부당한 불운이 주인공의 인생을 파괴한다. 서기 2세기 로마 제국 시대, 아버지 마르쿠스 아우렐리우스를 죽이고 황제가 된 코모두스는 자기에게 충성을 서약하라는 뜻으로 막시무스에게 손을 내미는데, 막시무스는 이를 거부하고 막사를 나가버린다. 이 자만심 혹은 오만이 그의 비극적인 실수였다. 이 한 순간의 판단 착오가 그의 인생을 송두리째 파괴하는 불운으로 이어진다.

코모두스는 막시무스의 아내와 아들을 죽이고 그를 처형장으로 보내는데, 막시무스는 부상을 입은 채 도망쳐 노예가 된다. 그리고는 유명한 검투사가 되어 대중의 인기를 한 몸에 받는다. 인기가 치솟는 막시무스에게 두려움을 느낀 코모두스는 그와 검투 시합을 벌이고, 시합 중에 막시무스에게 죽음을 당한다. 그러나 등에 맞은 칼로 치명상을 입은 막시무스 또한 죽음을 맞는다.

막시무스는 순간적인 자존심 때문에 인생 전체가 몰락했다. 그러나 이 판단착오는 그의 불운에 장엄하고 비극적인 색조를 드리운다. 신이 정해준 운명에 휘둘리는 것이 아니라 자기가 자기 운명의 원인이라는 것은 한 인간의 존재를 숭고하게 만드는 것이기 때문이다. 이것이 바로 비극의 숭고미이다.

『시학』에는 구체적인 언급이 없지만 『니코마코스 윤리학』에는 관객의 연민과 공포를 자아내는 소재 12가지가 열거되어 있다. ①죽음 ②육체에 대한 공격 또는 학대 ③늙음, 질병 ④먹을 것이 없음 ⑤친구가 없음 ⑥추한 외모 ⑦나약함 ⑧신체장애 ⑨기대가 이루어지지 않아 낙담 ⑩좋은 일이 너무 늦게 일어남 ⑪아무런 좋은 일이 일어나지 않음 ⑫좋은 일이 일어나지만 이미 그것을 즐길 수 없음 등이다. 영화들이 인간의 육체를 학대하는 고통스러운 장면을 즐겨 쓰는 이유가 여기에 있었다.

또 한편, 이 12가지는 그대로 우리 인생에 대한 묘사다. 가난하여 먹지 못하고, 친구가 없어 외롭고, 외모 콤플렉스에 시달리고, 기대했던 일은 이루어지지 않고, 아무 좋은 일도 없이 하루하루 지루한 일상이 이어지고, 좋은 일이 일어나 보았자 이미 즐길 수 없을 때이고, 다행히 이런 조건들을 다 비켜 간 행운의 삶이라도 마지막에 늙고 병들어 죽는 것을 피할 수 없는 것이 우리 인생 아닌가. 그러고 보면 우리의 인생은 그 자체가 비극이다. 우리는 비극을 구경할 뿐만 아니라 비극을 살고 있기도 하다.

비극적 운명을 감수하는 비극의 주인공이 영웅적이고 숭고하듯이 비극적 삶을 묵묵히 살고 있는 모든 하찮은 사람들 또한 영웅적이고 숭고하다. 연극 창작의 기법을 말하고 있는 아리스토텔레스는 여기서 인간의 원초적인 비극성으로 넘어가고 있다.

주인공의 미화와 과장

비극과 희극의 비교에서 보았듯이 비극은 훌륭한 사람들

을 모방한다. 훌륭한 사람들은 물론 그 자체로 훌륭하다. 그러나 그 훌륭함도 있는 그대로 그려서는 안 되고 실제보다 더 훌륭하게 그려야 한다고 아리스토텔레스는 말한다. 그러기 위해서는 모델을 실제 모습보다 아름답게 그리는 유능한 초상화가들의 예를 따르라고 충고한다.

아리스토텔레스를 그대로 계승한 알베르티도 초상화를 실제의 인물보다 아름답게 그리라고 화가들에게 충고한다. 한갓 납덩이도 세공을 거치면 값비싼 장신구가 되고, 원래 비싼 보석이나 황금이라도 세공을 하면 더 비싸게 되지 않는가. 마찬가지로 사람이나 물건도 회화의 힘을 빌리면 본래의 상태보다 아름답고 가치 있는 것으로 바뀐다. 그러므로 화가는 사실과 비슷하게 모방하는 데 그치지 말고 거기에 아름다움을 더해야 한다고 그는 말했다.

물론 전제는 다르지만 예술가가 모델을 이상화(理想化)시켜야 한다는 헤겔의 이론도 마찬가지다. 『미학 강의』에서 그는, 사람을 그 내밀한 영혼이 드러나도록 참된 모습으로 그리기 위해서는 기계적인 사실적 묘사를 피해야 한다고 말했다. 예를 들면 호메로스도 영웅 아킬레우스의 높은 이마, 잘생긴 코, 길고 강인한 다리 등의 신체묘사를 할 때 사실상 그 지체들의 자세한 부분이나 점들의 위치, 얼굴빛 등 진짜 자연적인 모습에 대해서는 묘사를 생략했다는 것이다. 예술가는 단순히 눈앞에 보이는 물질성만 그려서는 안 되고, 인간이나 사물의 본질을 포착해서 그것을 감각적인 대상으로 구현시켜야 한다고 했다.

그러고 보니 동양화에도 전신사조(傳神寫照) 기법이라는 것이 있다. 초상화는 본받을 만한 위대한 인물의 정신을 보여주어야 하므로, 화가는 인물의 형상 재현에 그치지 않고 그 정신까지를 담아내야 한다는 것이다.

아리스토텔레스는 비극의 효과를 높이기 위해, 헤겔은 이념을 드러내기 위해, 그리고 동양화는 후학의 귀감이 될 도덕성을 추구하기 위해 모델을 실제보다 낫게 그려야 한다고 말하지만 결국 모델의 이상화(理想化)라는 헤겔적 관념으로 수렴되는 현상이다.

카타르시스와 소격(疏隔) 이론

무대 위에서 벌어지는 주인공의 비극적인 운명을 보며 관객들은 연민과 두려움을 느낀다. 비극이 관객에게 연민이나 공포의 감정을 불러일으킨다는 것은 플라톤이나 아리스토텔레스나 같은 생각이었다. 그러나 플라톤은 이 감정들이 너무나 강력하여 이성의 통제를 약화시키고 인간을 과도한 열정의 도가니 속에 빠트린다고 경계하였다. 반면 아리스토텔레스는 이 감정들이 유해한 것이 아니라 사람의 마음을 정화(淨化)시키는 아주 바람직한 현상이라고 생각했다.

우선 관객들은 마음속의 찌꺼기가 완전히 씻겨 내려가는 체험을 한다. 아리스토텔레스는 이것을 카타르시스(catharsis)라고 불렀다. 카타르시스의 원래 뜻은 '배설'이다. 카타르시스는 아리스토텔레스의 사상 중에서 가장 널리 알려진 개념이지만, 정작 『시학』에는 제6장에 딱 한 번 간단히 언급되어 있을 뿐이다. 오히려 후대의 해석이 더 무성하다.

18세기 계몽주의 문예비평가인 레싱(Lessing)에 따르면 카타르시스는 우리 마음속의 연민과 공포를 적정 수준으로 유지시켜 주는 작용을 한다. 실제 생활 속에서 어떤 사람들은 너무 많은 연민과 공포를 갖고 있고 또 어떤 사람들에게는 그것이 너무 부족하다. 너무 많이 갖고 있는 사람들은 비극을 통해 그것을 적당량 배출하고, 너무 적게 갖고 있는 사람들은 그것을 공급 받아 보충한다. 그러므로 양극단의 사람들이 모두 행복한 중간 상태를 유지할 수 있다.

20세기의 마르크스주의 극작가 베르톨트 브레히트(Bertolt Brecht)는 정치적 이유로 카타르시스 이론을 거부한다. 그는 극과 관객 사이에 거리를 두어 관객으로 하여금 연극에 몰입하지 못하게 하는 소위 '낯설게 하기', 혹은 '거리두기'의 기법을 제시했다. 소격효과(疏隔效果, estrangement effect) 또는 소외효과(疏外效果, alienation effect)라고도 한다.

소격효과를 가져오는 기법은 노래삽입, 주석달기, 번호 붙이기, 관객에게 말 걸기 등인데, 이런 장치는 극적 환영(幻影)을 깨트리는 기능이 있다. 연극이 리얼하면 관객은 그것을 마치 현실인 것처럼 생각하고, 극의 전개에 몰입되어 주인공과 함께 울고 웃는데, 이것이 바로 연극적인 환영이다. 브레히트는 이런 몰입을 깨트려야 한다고 생각한다.

몰입이 차단되고 연극적인 환상이 깨지면서 관객은 무대 위에서 전개되는 사건이 현실이 아니라 어디까지나 연극이다, 라는 냉철한 인식을 갖게 된다. 당연히 카타르시스도 느끼지 못한다. 배우와 함께 울고 웃으며 감정의 찌꺼기를 시원하게 배출하고 극장을 나서는 대신 뭔가 해소되지 않은 갈등이 앙금처럼 마음 밑바닥에 고여 있다. 이 불편한 마음이 갈등을 해소하기 위한 현실적 행동으로 이어진다. 브레히트가 목표로 생각한 것은 노동계급의 계몽과 교육이었다.

브레히트의 소격 효과는 영화에도 도입되었다. 1960년대 프랑스의 장 뤽 고다르(Jean-Luc Godard)는 카메라의 존재를 부각시켜 기계 장치의 물질성을 그대로 드러내거나, 영화 프레임의 2차원적 성격을 강조하는 방식으로 관객의 몰입을 방해하는 시도를 했다.

환영을 걷어내면 연극은 연극일 뿐이고, 영화는 영화일 뿐이며, 회화는 회화일 뿐이다. 캔버스의 물질성을 그대로 드러낸다거나, 3차원적 환영을 거부하고 2차원적 평면성을 강조한다는 것은 푸코의 마네 평론 또는 그린버그의 모더니즘 비평에서 우리가 익히 들어왔던 말들이다. 매체의 순수성으로 돌아가자는 미학적 모더니즘 운동의 기본 주장이기도 했다. 르네상스 시기 원근법의 발명과 함께 시작된 환영주의(幻影主義) 회화의 뿌리가 결국 아리스토텔레스의 시학이었다는 것, 더 나아가 모더니즘 또는 브레히트 이론의 먼 대척점에 아리스토텔레스의 카타르시스 이론이 있다는 것이 흥미롭다.

또 한편으로 카타르시스 이론은 예술이 과연 무엇인가라는 원초적인 질문을 던지게도 한다. 극단적인 연민과 공포의 감정으로 관객의 카타르시스를 일으켜 쾌감을 유발하는 것이 바로 예술의 목적이며 기능이라고 아리스토텔레스는 말한다. 그러나 칸트가 숭고의 감정에 대해 말했듯이 공포의 대상은 우리와 안전한 거리에 있을 때만 우리에게 숭고의 감정을 일으킨다. 하늘로 치솟는 높은 파도는 우리의 안전을 위협하지 않는 적정한 거리 너머에 있을 때 우리에게 숭고하다는 감정을 불러일으킨다. 자신의 생명을 위협하는 직접성일 때, 예컨대 일본의 쓰나미 피해자들의 경우, 인간은 대상에 매몰될 뿐, 숭고와 같은 예술적 감흥을 느낄 수 없다.

연민도 마찬가지다. 타자의 불행 앞에서 느끼는 연민은 내가 그런 불행을 겪지 않았다는 안도감, 그리고 그 불행한 사람을 내가 도와줄 수 있다는 자부심에 다름 아니다. 나의 불행 또는 나와 직결된 타자의 불행 앞에서라면 나는 연민이니 뭐니 하는 사치스러운 감정을 느낄 겨를이 없다. 그러고 보면 예술이 성립되기 위해서는 감상 주체와 대상 작품 간의 심리적인 거리가 필수적이다.

원근법의 원칙인 거리두기나 브레히트의 소격효과 같은 방법적인 문제가 아니다. 좀 더 근원적인 문제이다. 예컨대 하얀 수의를 입은 시체가 물속에서 아주 천천히 하늘로 승천해 가는 빌 비올라의 비디오 아트 앞에서 숭고 미학을 말할 수 있는 것은 상대적으로 죽음과 멀리 떨어져 있는 젊은 관객들뿐이다. 죽음이 가까이 있다고 생각하는 노년의 관객은 이 고급의 예술작품 앞에서 숭고를 느낄 겨를이 없다. 작품의 내용이 감상 주체와 너무나 밀착해 있어서 그것은 예술로 다가오기 보다는 차라리 현실로 느껴지기 때문이다.

「죽은 시인의 사회」와 처음, 중간, 끝

아리스토텔레스는 비극을 '진지하고 완전하며 일정한 크기가 있는 하나의 행동의 모방'이라고 했지만 또 처음(beginning)과 중간(middle)과 끝(end)이 있는 전체(a whole)의 형식이라고도 말했다. 앞의 것이 좀 더 포괄적이고 좀 더 내용에 관한 정의라면, 뒤의 것은 순전히 형식에 관한 정의라 할 수 있다. 처음, 중간, 끝이라는 너무나 쉬운 일상적인 단어를 그는 다음과 같이 진지하게 규정한다.

'처음'이라 함은 그전의 어떤 사건과도 필연적 관련이 없지만 자연스럽게 다른 어떤 것이 그 다음에 있거나 혹은 온다는 것을 뜻한다. '중간'은 앞의 뭔가를 뒤따르고 또 그 뒤에 뭔가가 잇달아 일어나는 것을 뜻한다. '끝'은 그전의 어떤 사건 다음에 필연적으로 또는 보편적 법칙에 따라 자연적으로 생기지만 그러나 다른 어떤 것이 뒤따르지 않는 시간적 계기를 뜻한다.

단어보다 부가 설명이 더 어려운 현학적 놀음 같지만, 얼핏 웃기는 듯한 이 설명이 실은 수 천 년간의 미학을 떠 받쳐온 견고한 뼈대였다. 영화 「죽은 시인의 사회」를 예로 들어보자.

영화가 시작되면서 키팅이라는 이름의 한 젊은 교사가 명문 고교에 부임한다. 그는 학생들에게 Carpe Diem('오늘을 즐겨라')이라는 라틴어 문구를 구호처럼 내 걸고, 각자 자신의 꿈을 추구하라고 말한다. 이 말에서부터 영화의 모든 줄거리가 시작된다. 키팅 선생의 부임은 스토리의 이전에는 없었고, 스토리와 함께 시작된 것이며, 여기서부터 다른 사건들이 연달아 일어나게 된다. 이것이 '처음'이다.

키팅 선생에게 열광하는 학생들은 '죽은 시인의 사회'라는 동아리를 결성한다. 그 중 여리고 꿈 많은 소년 닐은 완고한 아버지에게 도전하여 연극배우의 꿈을 실현시키려 한다. 그러나 사회적 출세의 길을 고집하는 아버지의 반대에 부딪쳐 자살한다. 이것이 '중간'이다. 키팅 선생의 부임이라는 '처음'의 사건에 뒤따라 일어나는 것이고, 또 그 뒤에 뭔가가 잇달아 일어나게 되어 있다.

경직된 기성세대인 교장에 의해 키팅 선생은 해임되고,

그가 학교를 떠나는 날 학생들은 모두 책상위에 올라서서 선생의 애칭이었던 "Captain!"을 연호한다. 이것이 '끝'이다. 그 앞의 사건들에 의해 필연적으로 준비된 결말이다. 교장이나 아버지 같은 엄격한 세대가 젊은 교사의 일탈을 용인하지 않을 것이 뻔하므로 이것은 보편적 법칙에 따른 결말이기도 하다. 이 사건 이후 아무 것도 일어나지 않는다. 영화는 끝났다. 그 이후의 상황을 추적해 보았자 그것은 후일담에 불과한 것이지 생생한 사건의 전개는 아니다.

처음, 중간, 끝이라는 너무나 평범한 세 단어의 뜻풀이가 실은 매우 중요한 말이다. 아리스토텔레스 이래 수천 년간 서양 예술을 지배했던 예술 작품의 폐쇄성, 완결성, 독자성의 규칙이기 때문이다. 모든 예술 작품은 하나의 중심을 가운데에 놓고, 처음에서 중간으로, 중간에서 끝으로 전개되는 완전한 하나의 전체, 즉 그 자체가 하나의 세계였다.

르네상스 이래 19세기 사실주의로 이어지는 서양 미술을 살펴보면, 그것은 언제나 하나의 완결된 세계였다. 에피소드가 있건 풍경이 그려졌건 여하튼 중심적 주제가 한 가운데 있고, 그 주위로 그 중심의 주제를 떠받쳐주는 배경들이 세심하게 배치되어 있다. 액자 안의 화면은 하나의 완결되고 독립적인 세계로 화면 밖의 세계와 완전히 단절되어 있다.

그러나 1940~50년대 미국의 잭슨 폴락 같은 소위 올오버 미술을 보면, 벽지 도안처럼 획일적으로 반복되는 모티프들이 고른 간격으로 화면의 한쪽 끝에서 다른 쪽 끝까지 채워져 있다. 마치 그림이 틀 이전에 시작되어 틀 너머로 무한정 반복될 것 같기만 하다. 이런 그림에는 처음과 중간과 끝이 없다. 처음과 중간과 끝을 없앤 것 하나만으로 기존 예술의 엄격한 규칙을 파괴할 수 있다는 것을 all over 미술은 분명하게 보여준다.

문학도 마찬가지다. 기승전결이라는 문장론도 있듯이, 19세기까지의 근대 소설은 모두 엄격하게 처음과 중간과 끝이 있는 하나의 완결된 세계였다. 그러나 현대 소설이나 영화에서는 반드시 스토리의 결말이 있는 것이 아니다. 하다못해 미스터리 영화나 소설조차 아무런 해명 없이 열린 상태로 그냥 끝나는 경우가 허다하다.

『안티고네』와 파토스

아리스토텔레스는 『시학』 제18장에서 비극을 네 가지 종류로 나눈다. 1) 복합적인 비극(the Complex) 2) 파토스적

(the Pathetic) 비극 3) 에토스적(the Ethical) 비극 4) 단순한 비극(the Simple)이다. 그 중에서 첫 번째와 네 번째는 비교적 쉽게 이해할 수 있다. 복합적인 비극은 반전과 깨달음에 의지하는 복잡한 플롯의 비극이고, 단순한 비극은 복잡한 플롯이 없이 단순한 에피소드로 되어 있는 비극이다. 문제는 두 번째의 파토스적 비극과 세 번째의 에토스적 비극이다. 아이아스(Ajax)나 이시온(Ixion)을 다룬 비극을 그는 파토스적(the Pathetic) 비극으로 명명하고, 이 비극의 모티프는 정념(Pathos)이라고 했다. 또 피오티스(Phthiotides)와 펠레오스(Peleus)를 다룬 비극은 에토스적(the Ethical) 비극이라 부르고, 이 비극들의 모티브는 에토스라고 했다.

여기서 단어의 현대적 의미에 따라 Pathetic Tragedy를 감상적 비극으로 번역하는 것은 조금 주저된다. 고대 그리스어에서 파토스(Pathos)는 '경험'을 의미하기 때문이다. Ethical Tragedy 또한 윤리적 비극으로 명명하는 것이 옳은지는 확신이 서지 않는다. 물론 아리스토텔레스의 『니코마코스 윤리학』에서 에티카는 윤리를 의미하지만, 『시학』에서 비극의 6대 요소 중의 하나로 꼽힌 에토스는 '성격'(character)을 뜻하기 때문이다.

아리스토텔레스가 거론한 인물들을 살펴보는 것이 우리

의 이해에 도움이 될 것이다. 우선 아이아스는『일리아드』에서 아킬레우스 다음으로 용맹한 장수다. 아킬레우스가 죽은 후 그의 군사를 달라고 요구했지만 다른 족장들이 이를 거부하고, 오디세우스를 선택하였다. 그러자 그는 미쳐 날뛰면서 양떼 속에 들어가 양들의 목을 마구 졸라 죽였다. 그리스인들을 죽인다는 환상 속에서였다. 정신을 차린 후 그는 자살했다.

이시온은 테살리의 전설의 왕이다. 살인과 위증죄로 처형될 위기에 놓였을 때 제우스의 도움으로 사면되고 올림포스 산에 초대되기 까지 하였다. 거기서 그는 신들의 술과 음식을 먹고 불멸의 삶을 얻었다. 그러나 자신을 살려준 은혜도 잊고 제우스의 부인인 헤라를 유혹하였다. 제우스는 구름으로 여인의 형상을 만들었고, 그는 이 구름의 여인과 결합하였다. 그 사이에서 켄타우로스들이 태어났다. 이시온은 배은망덕한 죄로 불붙은 바퀴에 매달려 영원히 도는 형벌을 받았다.

이 두 예에서 파토스는 광기에까지 이를 정도의 강렬한 열정으로 보인다.

그럼 이번에는 에토스적 비극의 예로 든 피오티스와 펠레오스에 대해 알아보자. 우선 피오티스는 그리스의 지역 이름이다. 이것이 에토스와 어떤 연관이 있는지 우리는 아무런 정보도 얻을 수 없었다. 펠레오스는 아킬레우스의 아버지다. 펠레오스가 바다의 요정 테티스와 결혼할 때 피로연에 참석한 불화의 여신 에리스가 '불화의 사과'를 만들었다. 이것이 싸움의 단초가 되어 '파리스의 심판'으로 이어졌고, 마침내 트로이 전쟁이 일어났다.

펠레오스와 테티스 사이에는 일곱 아들이 있었는데, 여섯은 어릴 때 죽었고, 유일하게 아킬레우스만이 살아남았다. 테티스는 자기 아들을 죽지 않는 사람으로 만들기 위해 아이의 발뒤꿈치를 잡고 영생의 강물인 스틱스 강에 담궜다. 이때 강물에 잠기지 않은 발뒤꿈치만이 유일하게 그의 치명적인 급소가 되었다. 해부학에서 우리의 발뒤꿈치를 이르는 아킬레우스건이 바로 그것이다.

이 스토리의 어떤 부분이 에토스와 관련이 있는가? 에토스는 '윤리', '성격' 그 무엇으로도 해석이 되지 않는다. 아무래도 고대 그리스에서부터 오늘날에 이르기까지의 파토스와 에토스의 의미를 살펴보는 것으로 그냥 만족해야 할 것 같다.

1) 파토스와 에토스의 현대적 의미

파토스(영어 발음은 페이소스)는 흔히 '정념'으로 번역된다. 단순히 비애, 애상(哀想, 哀喪) 등으로 번역되기도 한다. 어떤 소설에서 '짙은 페이소스가 느껴진다'라고 말할 때는 소설 내용이 애상적이다, 격정이 표출되어 있다, 정서적인 감응을 안겨준다, 정서적인 호소력을 갖고 있다, 등등의 의미이다. 이처럼 파토스는 수사학, 문학, 영화, 서사예술에서의 일시적인 격정이나 열정을 뜻한다. 한 마디로 예술에서의 주관적 감정적 요소이다. 파토스가 이처럼 일시적이고 개인적인 감성이나 정서라면, 에토스는 집단적이고 지속적인 감정을 말할 때 흔히 쓰인다.

에토스는 말하자면 한 민족이나 사회의 특징, 집단 감정, 관습, 기풍 같은 것이다. 헤겔 철학에서 무수하게 나오는 인륜(人倫)이 바로 이것이다. 독일어의 Sittlichkeit(도덕성), 영어의 Social Ethic의 번역어인 인륜은 동양적 의미에서는 흔히 군신(君臣), 부자(父子), 부부(夫婦), 장유(長幼), 붕우(朋友) 사이의 도덕적 질서를 의미한다. 그러나 헤겔의 저작에서 인륜은 반드시 윤리적 도덕적인 것만을 함의하지 않는다. "개인적 도덕은 주관성을 탈피하지 못한 것이어서 참된 선은 인륜, 특히 국가에 의해 규정되어야 한다"는 등의 구절에서 볼 수 있듯이 그의 인륜은 그냥 단순히 가족, 시민사회, 국가를 의미할 때가 많다.

흥미롭게도 장자(莊子) 역시 인륜을 단순히 '사람 사는 세상'의 의미로 쓰고 있었다. 장자 외편(外篇) 산목편(山木篇)에는 "만물의 실체나 인간 세상의 이치는 그렇지 않아서, 모이면 흩어지고, 이루면 무너지고, 모가 나면 깎이고, 높아지면 비난받고, 무언가 해놓으면 훼손당하고, 어질면 모함 받고, 어리석으면 속임을 당한다"는 구절이 있는데, 여기서 만물의 실체는 만물지정(萬物之情), 인간세상의 이치는 인륜지전(人倫之傳)으로 되어있다. 헤겔을 처음으로 번역한 동양권의 학자(아마도 일본의 학자)가 어쩌면 이렇게 절묘하게 서로 의미가 부합되는 단어를 찾아 썼는지 감탄하며 읽은 기억이 난다.

그렇다면 고대 사회에서, 특히 아리스토텔레스에서 파토스와 에토스는 어떤 의미였을까?

2) 아리스토텔레스의 파토스와 에토스

아리스토텔레스가 파토스와 에토스를 집중적으로 다룬 것은 『수사학』에서이다. 그는 여기서 사람들을 설득하는 가장 효과적인 방법을 에토스, 파토스, 로고스라는 세 개의 카테고리로 나누었다. 수사학이란 자기 생각이 다른 사람의 것보다 더 유효하고, 더 가치가 있음을 청중 혹은 독자들에게 설득시키는 기법이다.

아리스토텔레스의 세 방법 중 이성적인 방법으로 사람들을 설득하는 방식인 로고스(논리적인 것)는 우리가 알고 있는 의미와 별반 다를 것이 없다. 귀납과 연역 등의 논리학적 장치가 여기에 속한다. 그리스어로 '말'이라는 뜻이고, 구약성서 창세기에 '하나님의 말씀이 있었으니...' 할 때의 그 '말씀'이 바로 로고스다. 데리다가 서구 문명을 로고스중심주의라고 비판할 때의 그 로고스는 '이성'을 뜻한다. 정교한 이성적 장치가 강연 혹은 저서의 내적 견고성을 담보한다는 것에는 이론의 여지가 있을 수 없다. 그 이성을 전달하는 수단은 다름 아닌 언어다. 그러니까 '말'이면서 '이성'인 '로고스'는 이미 하나의 단어 속에 그 두 가지 뜻이 다 들어있는 셈이다. 이제 문제는 에토스와 파토스이다.

아리스토텔레스가 수사학적 기법으로 분류했던 에토스(그리스어로 '성격')는 저자나 연사의 신뢰성, 믿을만함을 의미한다. 에토스는 흔히 메시지의 어조나 문체에 의해 전달된다. 그러나 메시지와는 독립적으로 저자의 명성에 영향을 받기도 한다. 우리는 우리가 존경하는 사람의 말을 믿는 경향이 있다. 따라서 경청할만한 가치가 있는 사람이라는 인상을 주는 것이 중요하다. 연사 혹은 저자가 해당 분야의 권위자라든가, 존경받을만한 사람이라는 것을 내세우는 이유이다. 그 분야에서의 전문성, 업적의 양과 질 등이 여기에 영향을 미친다. 에토스는 그러니까 '신뢰에 의한 호소'이며, 요즘 말로 하자면 '카리스마'이다.

반면에 파토스(감정적인 것)는 독자 혹은 청중의 감정에 호소하여 그들을 설득하는 것이다. 그리스어에서 파토스는 '겪기'(suffering), 혹은 '경험하기'(experience)의 의미이다. suffer란 고통을 받는다는 뜻이 아니라 '무언가를 당하다, 겪다'라는 의미로 '경험'과 같은 뜻이다. 그러니까 능동적으로 어떤 감정을 느끼는 것이 아니라 연사 혹은 저자에 의해 수동적으로 어떤 감정을 느끼게 된다는 것이다. 청중이 연사의 감정을 그대로 느낄 때 그것은 그 상황을 실제로 체험해서가 아니라 다만 상상적으로 체험하는 것이다.

그러므로 파토스는 청중의 상상력에 호소하여 그들의 공감을 유도하는 기술이다. 그런데 파토스적 호소는 청중의 감정적인 반응만 유도하는 것이 아니라 연사의 견해에 대한 동일시도 이끌어낸다. 책을 읽을 때 혹은 강연장에서 사람들은 솜씨 좋은 저자나 연사의 말에 설득되어 그의 견해를 전폭적으로 지지한다. 파토스적 호소를 운반하는 가장 일반적인 방법은 내러티브나 스토리다. 서사나 이야기는 논리의 추상성을 구체적이고 현재적인 어떤 것으로 바꿔준다. 이 스토리 안에 저자의 가치, 신념, 이해 등이 암묵적으로 들어 있어서 그것이 독자에게 상상적인 방법으로 전달된다.

아리스토텔레스의 수사학에서 파토스는 그러니까 상상을 통해 청중에게 충격을 가하는 감정적 임팩트이다. 청중 혹은 독자를 움직여 그들을 결심하게 하고 행동하게 하는 강한 호소이다. 수세기 동안 많은 수사학자들은 파토스를 가장 강력한 호소로 간주했다.

3) 헤겔의 '파토스'

현재 통용되고 있는 파토스와 에토스의 의미에 가장 영향을 미친 것은 헤겔의 개념이다. 헤겔은 인간의 마음 속 깊은 곳에서 인간을 움직이는 힘을 파토스라고 했다. 그러나 그는 그것을 열정(passion)이라고 번역하기를 거부했다. 열정으로 번역하면 그것은 너무나 하찮고 저급한 인상을 줄 것이라고 했다. 헤겔은 파토스를 열정이기는 하되, 열정보다 좀 더 고상하고 일반적인 의미로 해석하고 있다. 흔히 열정은 불륜의 사랑을 묘사할 때 쓰이면서 약간 비난의 뉘앙스를 풍기지 않는가. 또는 실패한 기획자에게 '열정은 좋았지만 방법이 틀렸어'라고 말할 때 쓰지 않는가. 그러나 파토스는 이런 도덕적 비난을 초월해 있다고 헤겔은 말한다. 그는 소포클레스의 비극 『안티고네』에서 죽은 오빠에 대한 안티고네의 성스러운 사랑을 파토스의 전형적인 예로 본다. 그렇다면 『안티고네』의 줄거리를 알아야만 헤겔의 파토스를 이해할 수 있을 것이다.

4) 『안티고네』

안티고네는 오이디푸스 콤플렉스로 유명해진 바로 그 오이디푸스와 그의 어머니이자 아내인 요카스테 사이의 딸이다. 아버지 오이디푸스는 근친상간을 깨닫고 스스로 두 눈을 찔러 광야를 방황하다가 죽음을 맞이했고, 두 오빠 폴리네이케스와 에테오클레스는 왕위 쟁탈전을 벌이다 모두 죽는다. 왕위를 차지한 외삼촌 크레온은 폴리네이케스의 장례를 금하고 그의 시체를 짐승의 밥이 되게 한다. 나라의 법이 반역자의 장례를 금하기 때문이다. 그러나 안티고네는 오빠 폴리네이케스의 장례를 치러주었고, 결국 나라의 법을 어겼기 때문에 감옥에 갇힌다. 그녀는 처형당하기 전에

스스로 목매 자살했고, 그녀를 사랑한 크레온의 아들 하이몬 역시 칼로 배를 찔러 생을 마감한다. 크레온의 아내 에우리디케 역시 아들의 죽음을 보고 자살한다. 운명 앞에서 무기력한 인간들이 맞는 전형적인 비극이다.

그러나 헤겔은 여기서 인간의 무기력함 보다는 두 세력의 충돌을 본다. 즉 크레온이 대표하는 국가의 법과 안티고네가 대표하는 개인의 법의 충돌이다. 가족애나 인간적인 사랑은 신의 법이므로 인간이 만든 국가의 법 보다 우선한다고 해서 신의 법과 인간의 법 사이의 충돌이라고도 했다. 남성이 만든 국가의 법과 여성이 지키는 가족의 법이 충돌한다느니, 권력자가 증오와 차별을 내세우자 안티고네는 사랑과 평등을 이야기한다느니, 여주인공 안티고네는 남성 지배적인 권력구조에 맞서 싸우고 있다느니 등등『안티고네』에 대한 현대의 거의 모든 도식적인 해석들은 모두 헤겔에서 유래한 변용들이다.

그러나 헤겔의『안티고네』해석은 잠시 유보해 두기로 하자. 모든 예술을, 갈등하는 세력들 간의 충돌로 해석하고, 그것이 화해로 이어질 때 예술은 완성된다고 생각하는 헤겔의 미학도 잠시 접어 두기로 하자. 지금 우리의 관심은 헤겔이 파토스를 어떤 의미로 생각했는가 이다.

5) 헤겔의 파토스는 합리성이며 자유의지

헤겔에 의하면 파토스는 단순히 감성적인 열정이 아니라 마음을 지배하는 힘이고, 합리성과 자유의지의 본질적인 내용이다. 'Pathos' in this sense is an inherently justified power over the heart, an essential content of rationality and freedom of will. (헤겔 미학I p.332) 예를 들어 오레스테스가 불륜을 저지른 자기 어머니를 죽인 것은 소위 '열정' 때문이 아니다. 그를 이런 행위로 몰고 간 파토스는 깊이 생각하고 넓게 고려하는 심사숙고의 과정을 거쳐 나온 것이다. 파토스란 인간의 마음속에 침투해 들어가 거기 머물면서 인간의 자아를 가득 메우는 합리적 내용물이다. 결국 헤겔에게 있어서 열정과 파토스를 가르는 기준은 신중함과 깊은 생각이 있느냐 없느냐의 문제이다.

그러므로 파토스는 정말로 예술이 다루어야 할 영역이라고 헤겔은 말한다. 파토스는 인간 속에 들어 있는 가장 강한 힘이어서 모든 인간의 심금을 울리고 감동을 주기 때문이다.

6) 파토스의 다면성

헤겔은 그러나 단 하나의 외골수적 열정은 파토스라고 하지 않는다. 그는 다채롭고(rich) 총체적인 감정을 파토스라고 부른다. 인간의 감정은 크고도 드넓어서 그 안에 하나의 파토스만 있는 것이 아니다. 만일 한 인간이 이처럼 다면적인(many-sidedness) 파토스를 갖지 못하고 단 하나의 열정에만 휘둘린다면, 그것은 정신 나간, 미친, 허약한, 무력한 성격일 뿐이라고 그는 말한다. 다양한 파토스를 갖고 있는 신화적 인간의 예로 그는 호메로스의 『일리아드』의 주인공 아킬레우스(Achilles)를 든다.

아킬레우스는 가장 전형적인 다면적 파토스의 인간이다. 자신의 어머니 테티스를 사랑하고, 브리세이스(Briseis)를 빼앗기자 울음을 터뜨리고, 명예심에 손상을 입자 아가멤논(Agamemnon)과 일대 투쟁을 벌인다. 이것이 『일리아드』의 줄거리의 시발점이 된다. 그는 또 파트로클로스(Patroclus)와 안틸로코스(Antilochus)의 가장 친한 친구이며, 열화 같은 청춘의 힘을 지닌 젊은이요 동시에 발 빠른 용사이기도 하다. 그러면서도 그는 노인에 대한 존경심이 지극하다.

자기가 때려죽인 헥토르의 시체를 마차에 매어 끌고 트로이의 성벽을 세 번이나 돌 때는 복수심에 불타올라 극도의 성마름과 흥분 속에서 한없이 혹독하고 잔인한 사나이로 변모했지만, 늙은 프리아모스(Priam)가 그의 장막으로 오자 그는 곧 부드럽게 변하여 아들을 잃은 왕을 위로한다. 비록 자기가 그의 아들을 죽였지만 우는 왕을 보니 고향에 있는 늙은 아버지가 생각나 애절한 마음이 들었기 때문이다.

헤겔은 '아킬레우스야말로 진정한 인간이다'라고 말한다. 고결한 인간의 다양성이 한 인간 안에서 완전히 다채롭게 펼쳐지고 있는 경우라는 것이다.

좀 더 근대적인 예는 셰익스피어의 「로미오와 줄리엣」이다. 로미오에게는 사랑이 주요한 파토스다. 그러면서도 그는 그의 부모와 친구들, 시종들과 다양한 관계를 유지하며, 티발트와 결투를 벌이고, 탁발수도사에게는 경건하고 신앙심 있게 대하며, 자신에게 독약을 판 약사와 무덤가에서 대화를 나눌 때는 위엄 있고 고귀했으며 신중하였다. 줄리엣도 마찬가지로 그녀의 부모, 유모, 파리스 공작, 수도사와의 관계에서 총체적인 성격을 보여준다.

헤겔이 생각하기에, 예술에서 생생한 관심을 불러일으키는 것은 이와 같은 다면적이고 총체적인 성격이다. 이처럼 총체적인 성격을 표현하는데 가장 적합한 것은 서사시이고, 그 보다 덜 적합한 것이 극이며, 가장 덜 적합한 것은 서정시라고 그는 말한다.

그가 조각을 높이 평가하는 것도 역시 다면적 파토스 때문이다. 비록 하나의 형상으로 확정되어 말없이 고요히 머물러 있고, 아무런 동요도 없는 통일성이지만 조각은 그 안에서 모든 것이 다 일어날 것 같고, 온갖 종류의 다양한 관계가 다 이루어질 것 같은 가능성을 내비치고 있다는 것이다.

헤겔이 자신의 동시대 작품인 괴테의『젊은 베르테르의 슬픔』(1774년)을 비판한 것도 파토스의 단일함 때문이었다. 베르테르는 다른 감정이 없이 오로지 자신의 이기적인 사랑에만 집착하므로 병적이며 공허한 주관성이라고 했다.

7) 정념이란 단어의 고고학적 의미

결국 헤겔의 정념(Pathos)은 정열이나 열정이 아니다. 열정이 단 하나의 편향된 감정이라면 정념은 한 인간에게서 보이는 무수한 측면의 모순적인 감정들이다. 정념은 인간의 마음 속 깊은 곳에서 인간을 움직이는 가장 강력한 힘이다. 그러나 그것은 충동적인 힘이 아니라 깊은 생각과 신중한 합리성의 소산이다. 그래서 그는 정념이란, 마음을 지배하는 힘이고, 우리의 합리성과 자유의지의 내용물이라고 말한다.

'정념'이라는 단어에 대한 보통 사람들의 평범한 언어 감각과 얼마나 동떨어진 의미인가. 언어란 이토록 다의적이고 다층적이고 고고학적 지층을 닮았으며 역사적이다.

프레임에 대한 한 고찰

아리스토텔레스가 예술작품을 '처음과 중간과 끝이 있는 적당한 크기의 전체'로 정의했음을 우리는 위에서 살펴보았다. 예술이란, 실제로는 시작과 끝이 없는 현실에 인위적으로 한계를 설정하는 일이다. 한 사람의 유장한 인생에서 어느 한 부분만을 떼어 내 묘사한 것이 소설이고, 거대한 자연 환경 연속체에서 한 부분만을 떼어내 그린 것이 풍경화이다.

결국 예술창작이란 현실에 대한 프레임 작업에 다름 아니다. 이 해묵은 예술적 관습에 문제를 제기하기 위해 마그리트는 그렇게 자주 텅 빈 프레임을 들고 있는 모습의 자화상 사진을 찍었던가? 거대한 현실의 한 부분에 빈 액자를 들이대고 오려낸 작품이 결코 현실 그 자체일 수는 없다. 프레임 안에 들어 있는 것은 결코 현실이 아니다. 그 모방이 리얼하면 할수록 그것은 더욱 더 기만적이다. 왜냐하면 실재도 아니면서 완벽하게 실재처럼 보이기 때문이다.

물론 현대 미술은 재현을 포기했고, 현대 문학은 더 이상

현실을 반영하지 않는다. 그러나 TV 드라마와 영화 같은 대중문화에서 아리스토텔레스적 모방의 방식은 절대적이다. 드라마가 리얼해서 현실적이면 현실적일수록 그것은 더욱더 현실에서 멀리 떨어진 거짓일 가능성이 많다. 드라마뿐인가? 현실을 그대로 비춘다는 다큐멘터리는 다큐멘터리라는 장르 설정 때문에 더욱 더 유해한 환영(幻影)이 된다. 차라리 현실에 대한 제작자의 주관적 재해석이라는 이름을 붙인다면 훨씬 더 정직한 담론이 될 것이다.

대중문화만이 아니다. '주제'라는 틀로 프레임을 짜는 모든 학문적 논문과 이론서들도 기만적이기는 마찬가지다. 대상이나 주체를 어느 한 시점 한 지점에 고정시켜 놓은 채 전개하는 이론이 변화무쌍한 현실을 제대로 반영할 리 없고, 연구를 진행하는 사람의 주관성이 개입되지 않는다는 보장이 없기 때문이다. 모든 서사, 다시 말해 모든 인식의 착시현상을 경계해야 한다는 것이 아리스토텔레스 미학의 역설적 교훈인지도 모르겠다. (박정자)

제1장

모방의 수단에 따라 나뉘는 예술 장르

 운문(Poetry)의 여러 종류를 다루어 보려 한다. 그것들의 가지 수와 성질, 각각의 본질적 기능, 그리고 플롯의 구조를 살펴보려 한다. 왜냐하면 플롯이란 좋은 시에 반드시 필요한 것이기 때문이다. 그러면 기본적인 원칙들에서부터 시작해 보자.

 시에는 서사시(Epic poetry), 비극(Tragedy), 희극(Comedy), 그리고 디티람보스(Dithyrambic poetry) 등이 포함된다. 피리나 현금을 위한 음악도 여기에 포함된다. 이것들은 모두 모방의 양식들(modes of imitation)이다. 그러나 모방의 수단(medium)·대상(objects)·방식(manner or mode) 등 세 관점에 따라 그것들은 서로 다르다.

색채(color)와 형상(form)이라는 수단을 통해 여러 사물을 재현(represent) 혹은 모방(imitate)하는 사람들이 있는가 하면, 목소리를 수단으로 사용하는 사람들도 있다. 위에 언급한 여러 기술들(the arts) 중에서 목소리를 사용하는 예술은 리듬(rhythm)과 언어(language)와 화음(harmony)을 통해 이루어진다. 이중의 어느 하나만 사용할 수도 있고, 아니면 몇 가지를 섞어 사용할 수도 있다.

예컨대 피리와 현금으로 연주하는 음악 그리고 목동의 피리에서는 화음과 리듬만이 사용된다. 춤에서는 화음 없이 리듬만 사용된다. 춤을 여기에 포함시키는 것은, 춤도 역시 리드미컬한 동작을 통해 인간의 성격(character)·감정(emotion)·행동(action)을 모방하는 예술이기 때문이다.

언어의 수단만으로 모방하는 예술도 있다. 산문으로 되었건 시로 되었건 이것은 아직 이름이 없다. 시는 여러 운율을 결합하거나, 아니면 단 하나의 운율만을 사용하거나 한다. 공통의 명칭은 없지만, 소프로노스(Sophron)나 크세나르코스(Xenarchus)의 마임극, 또는 소크라테스의 대화록은 산문에 속하고, 이암보스(iambic)나 비가(悲歌, elegiac) 또는 비슷한 운율을 쓰는 작품들은 모두 시적 모방이다. 사람들은 시인과 모방이 아무 상관도 없다는 듯이, 운율의 이름에 창작자(maker)니 시인(poet)이니 하는 말을 붙이고, 그런 작가들을 '비가 시인', '서사시인' 등으로 부른다.

그래서 의학이나 자연과학의 저술이라도 운문으로 되어 있을 경우 관례적으로 그 저자를 시인이라고 부른다. 그러나 호메로스(Homer)와 엠페도클레스(Empedocles) 두 사람의 공통점은 운문을 사용한다는 것 외에는 아무것도 없다. 그러므로 호메로스는 시인이라 해야 하지만 엠페도클레스는 시인이라기보다 물리학자(physicist)라 해야 할 것이다. 마찬가지로 카이레몬(Chaeremon)이 『켄타우로스(Centaur)』를 지은 것처럼 여러 운율을 뒤섞어서 시적 모방 작품을 만들었다면, 그는 시인이라 불러야 한다.

이상이 모방의 수단을 통해 본 여러 예술들의 차이점이다.

제2장

비극은 보통보다 잘 난 사람, 희극은 보통보다 못난 사람을 그리는 것

 모방의 대상은 행동하는 인간들(men in action)인데, 인간들은 고상하거나 혹은 저속하거나의 두 부류로 나뉘므로 (고귀함과 사악함은 도덕적 구분의 기준이다), 인간을 모방할 때 우리는 보통보다 더 높은 사람, 더 낮은 사람 또는 보통 사람들을 재현한다. 이는 그림에서도 마찬가지다. 폴리그노토스(Polygnotus)는 인물을 실제보다 고상하게 그렸고 파우손(Pauson)은 실제보다 못하게 그렸으며 디오니시오스(Dionysius)는 실제와 똑같이(true to life) 그렸다.

 모방의 여러 유형은 이처럼 모방의 대상에 따라 서로 구분된다. 춤에서도 나타날 수 있으며, 피리와 현금의 연주에서도 나타나고, 음악 없는 산문이나 운문에서도 나타날 수 있다. 예를 들면 호메로스는 지위가 높은 인간을 (better than they are) 모방했고, 클레오폰(Cleophon)은 평균적 인간을 모방했으며, 패러디를 처음 지은 타소스(Thasian) 출신의 헤게몬(Hegemon)과 『데일리안드(Deiliand)』의 작자 니코카레스(Nicochares)는 보통보다 못난 사람을 모방했다. 같은 원칙이 디티람보스와 송가에도 적용된다. 티모테오스(Timotheus)와 필로세노스(Philoxenus)가 각기 자기 방식으로 서로 다른 키클로페스(Cyclopes)를 그렸듯이 누구나 하나의 인물을 각기 다르게 그릴 수 있다. 바로 이 원칙에 따라 비극과 희극이 나누어진다. 왜냐하면 희극은 사람들을 보통보다 못나게(representing men as worse) 그리고, 비극은 실제보다 더 잘나게(better than in actual life) 그리기 때문이다.

제3장

코메디의 기원

세 번째의 차이가 있는데, 각각의 대상들을 모방하는 방식이 그것이다. 수단이 같고, 대상이 같아도 시인은 두 가지 서로 다른 방식으로 모방할 수 있다. 첫째, 서사(narration)에 의한 모방이다. 이 경우에는 호메로스가 했듯이 시인 자신이 주인공이 되거나(take another personality) 아니면 자기 정체성은 그대로 유지한 채 주인공의 이야기를 하는(speak in his own person, unchanged) 방식이다. 두 번째는 모든 캐릭터를 마치 우리 눈앞에서 살아 움직이는 듯이 제시하는 (present all his characters as living and moving before us) 방식이다. (플라톤이 말한 미메시스와 디에제시스의 차이다. 『플라톤의 예

술노트」 참조-역주)

서두에서 지적한 바와 같이, 모방은 수단·대상·방식 세 측면에서 구분할 수 있다. 따라서 소포클레스(Sophocles)는 지체 높은 성격들(higher types of character)을 모방한다는 점에서는 호메로스와 공통점을 갖고 있지만, 인간의 행동과 행위를 모방(imitate person's acting and doing)한다는 점에서는 희극작가인 아리스토파네스(Aristophanes)와도 공통점을 갖고 있다.

바로 이런 이유 때문에, 즉 행동을 재현(representing action)한다는 의미에서 그런 종류의 시(詩)가 드라마라는 이름으로 불리게 되었다고 말하는 사람들도 있다. 같은 이유로 도리아사람들은 비극과 희극이 모두 자기들 고장에서 발명되었다고 주장한다.

희극의 경우, 그리스 본토인들은 자기들의 민주정치에 그 근원이 있다고 말하는 반면 시실리(Sicily)의 메가리아 사람들(Megarians)은 시인 에피카르모스(Epicharmus)가 시실리 출신이므로 희극이 그들의 발명품이라고 주장한다. 펠로폰네소스(Peloponnese)에 사는 일부 도리아 사람들은 비극도 자기네 것이라고 주장한다. 그들은 모두 명칭을 증거로 내세운다.

그들의 주장에 의하면 코미디라는 말은 '외딴 마을'을 가리키는 '코마이'(komai)에서 유래한다는 것이다. 즉 천대받으며 도시에서 추방된 배우들이 마을에서 마을로(kata komas) 유랑 공연을 다닌 것에서 희극 배우들을 뜻하는 '코모도이'라는 명칭이 생겼다는 것이다. 그러니까 시골을 '데모이'(Demoi)라고 불렀던 아테네는 코미디와 관련이 없다는 것이다. 마찬가지로 도리아 사람들은 자기 나라 말에서 행위를 뜻하는 동사가 '드란'(dran)인 데 반하여 아테네 말로는 '프라테인'(prattein)이므로 드라마의 기원이 자기 나라라고 주장하기도 한다.

제4장

모방과 깨달음은 인간의 원초적 본능

 시는 사람의 본성에 뿌리박은 두 가지 원인에서 발생한다. 첫째, 사람은 어릴 적부터 모방적 행동 성향을 타고난다. 사람은 극히 모방적이며 모방을 통해 그의 학습(learning)의 첫 걸음을 내딛는다는 점에서 다른 동물들과 다르다. 둘째, 모든 사람이 모방적 사물에서 즐거움을 얻는다.

 우리는 보기만 해도 끔찍한 사물을 세밀하게 그린 그림을 바라보면서 즐거움을 느낀다. 예컨대 흉측한 짐승이나 시체 같은 것 말이다. Objects which in themselves we view with pain, we delight to contemplate when reproduced with minute fidelity: such as the forms of the most ignoble animals and of

아리스토텔레스의 시학 67

dead bodies.

그것은 사람들이 깨달음(anagnorisis, recognition, identification)에서 큰 즐거움을 느끼기 때문이다. 철학자뿐만이 아니라 지적 능력이 좀 부족한 사람들도 마찬가지다. 사람들이 비슷한 것(likeness)을 보며 즐거움을 느끼는 것은, 그런 것을 바라볼 때 스스로 깨닫고 추론할 수 있기 때문이다. 그럴 때 그들은 "아, 이건 그 사람의 얼굴인데"라는 등의 말을 한다. 만일 그림의 실제 인물(the original)을 전에 본적이 없으면, 그 때 비로소 작품은 모방으로서가 아니라 기법, 색채, 또는 기타 이유로 즐거움을 줄 것이다. The cause of this again is, that to learn gives the liveliest pleasure, not only to philosophers but to men in general; whose capacity, however, of learning is more limited. Thus the reason why men enjoy seeing a likeness is, that in contemplating it they find themselves learning or inferring, and saying perhaps, 'Ah, that is he.' For if you happen not to have seen the original, the pleasure will be due not to the imitation as such, but to the execution, the coloring, or some such other cause.

그러므로 모방은 우리의 아주 자연스러운 본능이다. 운율도 리듬의 한 부분이므로 운율을 좋아한다면 당연히 우리는 화음과 리듬도 본능적으로 좋아할 것이다. 이처럼 본능이라는 자연의 선물에서 출발하여 점차 특별한 재능을 단계적으로 발전시키는 사람들이, 처음에는 거칠게 즉흥적으로 창작하다가 마침내 시를 낳게 된다.

시는 시인의 개인적 성격에 따라 두 형태로 갈린다. 보다 근엄한 시인들(the graver spirits)은 고귀한 행위(noble actions)와 지체 높은 인물들의 행위(the actions of good men)를 모방의 대상으로 삼는다. 보다 경박한 시인(the more trivial sort)은 보다 천박한 사람들의 행위(actions of meaner persons)를 다루었는데, 초기에는 풍자시(satires)를 지었다. 반면 근엄한 시인은 신에 대한 찬송(hymns to the gods)과 위인에 대한 찬양의 노래(praises of famous men)를 지었다.

그런데 우리는 호메로스 시대 이전에 살던 시인의 풍자시를 하나도 찾을 수 없다. 그 옛날에도 그런 시인이 많이 있었을 터이지만 지금까지 전하는 것이 없는 까닭이다. 그러나 호메로스 이후에는 풍자시가 많이 눈에 띤다. 예를 들어 그의 『마르기테스(Margites)』도 있고, 그 것 말고도 비슷한 작품들이 꽤 여럿 있다.

처음으로 배우의 수를 한 명에서 두 명으로 늘리고 합창 부분을 줄이고 대사에 주도적 역할을 부여한 사람은 아이스킬로스였다. 제3의 배우와 무대그림은 소포클레스와 더불어 시작되었다. 범위가 넓어졌다는 것이 또 하나의 변화였다.

제5장

비극은 하루 동안에 일어난 일을 다뤄야 한다

앞서 말했듯이 희극은 보통보다 못난 사람들의 모방이다. 그러나 이들이 악하다는 의미는 아니다. 익살(the ludicrous)이란 단순히 '추함'(ugly)의 하위 개념이기 때문이다. 익살은 일종의 결함(defect)이며 추함인데, 이 결함과 추함은 고통스럽거나 파괴적인 것은 아니다.

서사시는 지체 높은 인물(characters of higher type)을 운율로 모방(imitation in verse)한다는 점에서 비극과 일치한다. 그러나 단 한 종류의 운율(one kind of meter)과 이야기(narrative)라는 방식을 사용한다는 점에서는 비극과 다르다. 길이에서도 차이가 난다. 비극은 가능한 한 하루 동안의 일로 제한(confine itself to a single revolution of the sun)하거나 거기에서 약간 초과하는 반면(이것은 17세기 프랑스 고전주의 비극의 3단일 규칙으로 계승된다. 3단일 규칙이란 줄거리의 단일성, 시간의 단일성, 장소의 단일성을 말한다-역주), 서사시는 시간제한이 없다(no limits of time).

초창기에는 비극 시인들도 서사 시인과 마찬가지로 시간에 있어 자유로웠던 것이 사실이다. 서사시와 비극은 서로 공통되는 부분이 많지만, 어떤 것은 비극만의 고유한 성격이다. 따라서 우수한 비극과 열등한 비극의 차이를 아는 사람은 서사시의 우열도 알 수 있다. 서사시의 속성들은 모두 비극에도 속하지만 비극의 모든 속성들이 서사시에 속하는 것은 아니기 때문이다.

제6장

카타르시스, 반전, 깨달음

비극의 본질을 정의해 보기로 하자.

비극은 진지하고(serious) 완전하며(complete) 일정한 크기(of certain magnitude)가 있는 하나의 행동의 모방으로서, 부분에 따라 각기 다른 형식으로 아름답게 꾸민 언어로 되어 있고, 이야기가 아닌 극적 연기(form of action)의 방식을 취하며 연민과 두려움을 일으켜서 그런 감정들의 카타르시스를 행하게 한다.

아름답게 꾸민 언어란 리듬과 화음과 노래가 있음을 뜻하고, '부분에 따라 각기 다른 형식들(the several kinds being found in separate parts of the play)'이란 어떤 부분은 운율적 언어(medium of verse alone)로만 되어 있고, 다른 부분은 노래로 되어 있음을 뜻한다.

비극적 모방은 배우들의 행동으로 제시되므로 시각적 장면의 장치(Spectacular equipment)가 필수적 요소다. 그 다음에는 노래와 언어적 표현(Song and Diction)이 필수적이다. 이것들은 모방의 수단이기 때문이다. 언어적 표현이란 단어들을 운율적으로 배치함을 뜻한다. 노래는 여러분 누구나 다 아는 용어이다.

다시 한 번 비극은 행동(action)의 모방이다. 그리고 행동은 성격(character)과 생각(thought)을 가진 인적 요소들(personal agents)을 전제로 한다. 생각과 성격은 거기서부터 행동이 솟아나오는 두 개의 자연적 원인이다. 비극의 성공과 실패는 이 행동에 달려 있다.

그러므로 '플롯'(mythos, plot, story, 줄거리)은 행동의 모방이고 사건들의 배치(arrangement of the incidents)이다. '성격'(ethos, character)은 우리가 인물들에게 덧붙이는 특정의 성질들이고, '생각'은 하나의 진술이 증명되었거나, 일반적인 진실이 발설되었을 때 요구되는 어떤 것이다. Thought is required wherever a statement is proved, or, a general truth enunciated.

비극이 성립되려면 여섯 개의 구성 요소가 필요하다. 즉 플롯, 성격, 언어적 표현(lexis, diction, speech, text), 생각(dianoia, thought, theme, 사고방식), 시각적 장치(opsis, spectacle), 노래(melos) 등이다. 이들 중 둘은 모방의 수단이고, 하나는 모방의 방식이며, 셋은 모방의 대상이다. 이것 이외의 요소는 없다.

이 요소들 중 가장 중요한 것은 사건들의 조직(structure of the incidents)이다. 왜냐하면 비극은 사람(men)의 모방이 아니라 행동과 삶(action and life)의 모방인 까닭이며, 인생은 행동으로 구성되어 있기 때문이다. 비극이 지향하는 것은 행동의 양식이지 그것의 좋고 나쁨의 문제가 아니다. 성격은 인간의 자질을 결정한다. 그러나 한 인간이 행복하거나 불행한 것은 그의 행동에 의해서이다.

드라마적 행동은 그러므로 성격의 재현을 목표로 하지 않는다. 성격은 행동의 보조수단일 뿐이다. 사건과 플롯은 비극의 목적인데, 목적이란 모든 것 중에서도 가장 중요한 것이기 때문이다. 행동 없는 비극은 있을 수 없지만 성격이 없는 비극은 가능하다. 최근 시인들의 비극에 성격이 없다는 사실이 이를 입증한다. 성격 없는 비극을 쓰는 시인들은 꽤 많이 있다. 회화에서도 마찬가지다. 제우시스(Zeuxis)와 폴리그노토스(Polygnotus)의 차이가 그것이다. 폴리그노토스는 성격을 잘 묘사하지만 제우시스의 그림에는 성격 묘사(ethical quality)가 전혀 없다.

한 시인이 성격을 보여주려고 일련의 대사를 한데 이어놓는다고 해도, 또한 그 언어 표현과 사고력의 질까지 잘 나타냈다고 해도, 그것만으로 비극의 특정 목적을 달성 할 수는 없다. 비록 언어 표현과 사고력 제시에 다소 결함이 있더라도 플롯과 사건의 조직이 잘 되어 있는 희곡이 훨씬 더 바람직한 효과를 낼 것이다.

여기에 더하여 비극의 가장 강력한 정서적 호소력의 수단은 '반전'(Reversal of the situation, Peripeteia)과 '깨달음'(Recognition)이다. 시의 초심자들이 플롯 구성의 원리를 숙달하기는 어려워도 언어표현과 성격 묘사의 정확성은 쉽게 달성할 수 있다는 사실이 플롯 구성의 어려움을 시사해 주고 있다. 거의 모든 과거의 시인들은 그런 초심자였다.

그러므로 플롯이 제1의 원칙이며 비극의 영혼이라고 말할 수 있다. 반면에 성격은 두 번째로 중요한 요소이다. 이는 그림의 경우도 마찬가지다. 가장 아름다운 색깔들을 함부로 칠해놓은 것은 색채 없이 목탄 윤곽선만으로 그린 초상화만큼 즐거움을 주지 못한다. (미술에서 색채와 드로잉의 우열

논쟁은 18세기까지 이어진다. 그 기원에 아리스토텔레스가 있다-역주). 비극은 행동의 모방으로서, 행동을 모방하기 위해서 그 행위자를 모방하는 것이다.

세 번째로 중요한 것은 생각이다. 이는 주어진 상황에 적합한 주장을 펼 수 있는 능력이다. 웅변에서는 정치적 또는 수사적 기술이다. 과거 작품들의 인물은 시민(市民)처럼 말했는데, 오늘날의 인물들은 수사학자처럼 말한다.

성격은 한 인물이 애매한 상황에서 무엇을 선택하고 무엇을 피했는지를 보여줌으로써 그의 결심을 드러내 준다. 그러므로 이런 것을 드러내주지 않는 언설들은 전혀 성격을 표현해 주지 못한다. 그러나 생각은 사태의 진실을 보여주거나, 또는 일반적 통념을 개진한다.

네 번째 요소는 언어적 표현(Diction)이다. 앞서 말했듯, 이 말은 단어들을 통한 의미의 표현이다. 그 본질은 운문과 산문에 똑같이 적용된다.

그 나머지 요소들은 아름답게 꾸미는 장식들인데 그 중에서 으뜸은 노래이다.

시각적 장치(Spectacle)는 감정적 매력(emotional attraction)은 강하지만 시인의 기술과는 좀 거리가 먼 비본질적인 요소이다. 왜냐하면 비극의 힘은 공연과 배우에서 느껴지는 것이 아니기 때문이다. 게다가 시각적 효과(spectacular effects)의 생산은 시인의 기술보다는 무대 기술자(stage machinist)의 기술에 더 의존하는 것이기 때문이다.

제7장

처음, 중간, 끝 그리고 적당한 크기

 이런 원칙들이 수립되었으므로 다음에는 비극의 가장 중요한 요소인 플롯의 구조를 논의해 보겠다.

 우리는 이미 비극이 완전(complete)하고 전체적(whole)이며 일정한 크기가 있는(of a certain magnitude)행동의 모방이라고 정의한 바 있다. 왜냐하면 크기가 작으면서도(wanting in magnitude) 전체(a whole)인 사물이 있을 수 있기 때문이다.

 '전체'(a whole)라 함은 처음(beginning) · 중간(middle) · 끝(end)이 있음을 뜻한다. '처음'이라 함은 그전의 어떤 사건과도 인과적 관련이 없지만(does not itself follow anything by causal necessity), 자연스럽게 다른 어떤 것이 그 다음에 있거

나 혹은 온다(but after which something naturally is or comes to be)는 것을 뜻한다. 이와 반대로 '끝'은 그전의 어떤 사건 다음에 필연에 의해 또는 보편적 법칙에 따라 자연적으로 생기지만(which itself naturally follows some other thing, either by necessity, or as a rule) 그러나 다른 어떤 것이 그 뒤를 따르지 않는(has nothing following it) 것을 뜻한다. '중간'은 앞의 뭔가를 뒤따르고 또 그 뒤에 뭔가가 잇달아 일어나는(which follows something as some other thing follows it) 것을 뜻한다. 그러므로 잘 고안된 플롯은 아무데서나(at haphazard) 시작하거나 끝나서는 안 되며, 위에서 말한 원칙들에 정확히 부합해야 한다.

다시 한 번 말하거니와, 아름다운 사물은, 그것이 하나의 생물이든 또는 여러 부분으로 구성된 단일한 물건이든 간에, 반드시 부분들이 질서정연하게 정렬되어 있어야(orderly arrangement of parts) 하며, 또 적당한 크기(be of a certain magnitude)를 갖고 있어야 한다. 아름다움이란 크기(magnitude)와 질서(order)에 기초하고 있기 때문이다. 하나의 생물은 너무 작든가 너무 커서는 아름답지 못하다. 너무 작으면 그것에 대한 우리의 지각이 순간적이어서 경험이 되지 못하며, 너무 크면 그것에 대한 관찰이 단일한 경

힘이 되지 못하여 통일성과 전체성의 느낌을 주지 못한다. 천리나 되는 짐승이 있다고 상상해보라. 그러므로 생명체나 유기체의 경우 일정한 크기(certain magnitude)는 반드시 필요하다. 그런데 그 크기는 한 눈에 쉽게 들어오는(easily embraced in one view) 정도여야 한다. 마찬가지로 플롯에서도 일정한 길이(a certain length)는 반드시 필요한데, 그 길이는 기억 속에 쉽게 담을 수 있는(easily embraced by the memory) 정도여야 한다.

드라마 경연에서의 길이의 제한은 예술 이론과 관계가 없다. 만일 100편의 비극이 서로 경쟁하게 된다면 예전 한 때 그랬다는 말이 있듯이 물시계로 길이를 제한하는 수밖에 없을 것이다. 그러나 드라마 자체의 성격에 의해 결정된 길이의 제한은 다음과 같다. 전에는 완결된 전체이기만(the whole be perspicuous) 하면 드라마의 길이가 길면 길수록 아름답다고 했다. 거칠게 정의해 보면, 한 비극 작품의 적절한 크기는 사건의 시퀀스들이 불행에서 행복으로, 또는 그 반대의 변화를 수용할 수 있는 정도면 된다. 이때 이 사건들의 변화는 물론 개연성과 필연성의 법칙에 따라야(according to the law of probability or necessity) 한다.

제8장

단일한 줄거리, 탄탄한 구조

플롯의 단일성(unity of plot)은 일부 사람들이 생각하듯 주인공의 단일성(unity of hero)을 의미하는 것은 아니다. 한 인간의 생애에는 무수하게 많은 사건들이 있기 때문에 그것을 단일한 하나의 사건으로 환원할 수는 없다. 마찬가지로 한 인간의 행동에도 무수한 행동들이 있어서 우리는 그것을 하나의 행동으로 통일시킬 수 없다. 그러므로 『헤라클레이드(Heracleid)』나 『테세이드(Theseid)』 따위를 지은 시인들은 분명 잘못을 저질렀다. 그들은 모두 헤라클레스(Heracles)가 한 사람이므로 헤라클레스 이야기도 단일한 하나이어야 한다고 생각했다.

다른 점에서도 그렇지만 이 점에 있어서도 호메로스는 섬세한 통찰력이 탁월하다. 훈련된 기술에 의해서인지 아니면 타고난 천재성 때문인지 모르지만 그는 다행하게도 진실을 알아보았다(discerned the truth). 『오디세이아』를 지으면서 주인공에게 일어난 모든 사건들, 예컨대 파르나소스(Parnassus) 산에서 오디세우스가 부상당한 것, 군대에 징집(mustering of the host) 되었을 때 일부러 미친 척한 것 등을 일일이 다 포함시키지 않았다. 서로 필연적 또는 개연적 연결성이 없는 사건들은 모두 제외했던 것이다. 그는 단일한 줄거리를 중심으로 『오디세이아』를 구성했으며 『일리아드』도 그렇게 했다.

모방적 예술에서는, 모방된 대상이 하나이면 모방도 하나인 것이다. 행동의 모방인 플롯 역시 하나의 단일한 행동을 모방해야 한다. 각각의 부분들이 서로 긴밀하게 짜여 전체를 이루어야 하며, 따라서 만일 그 중의 하나라도 위치가 바뀌거나 제거되면 전체가 일그러지고 망가지도록 해야만 한다(if one of them is displaced or removed, the whole will be disjointed and disturbed). (이것은 르네상스 미학의 근간이 된다. 19세기 플로베르의 예술지상주의 미학도 이 개념을 그대로 계승하고 있다-역주). 전체 안에 들어 있든 없든 전체에 별다른 변화를 일으키지 않는다면(a thing whose presence or absence makes no visible difference) 그 요소는 결코 전체의 유기적 부분(organic part of the whole)이라 할 수 없다.

제9장

개연성, 필연성, 두려움, 연민

 이상의 논의로 미루어볼 때 분명한 사실은, 시인은 실제로 일어난 사건들(what has happened)을 이야기하는 것이 아니라 일어날 수 있는 일(what may happen), 또는 개연성이나 필연성의 법칙에 따라 일어나리라 기대할 수 있는 일을 이야기해야 한다는 것이다. 시인과 역사가를 구분 짓는 것은 운율의 사용 여부가 아니다. 헤로도투스(Herodotus)의 저작은 운문으로 만들 수 있겠지만 운율이 있으나 없으나 그것은 여전히 역사책일 것이다. 진짜 차이점은, 역사가는 실제로 일어난 사실들을 이야기하고 시인은 일어날 수 있는 일을 이야기한다는 사실에 있다.

그러므로 시는 역사보다 더 철학적이며 더 우수한 것(a higher thing)이다. 시는 보편적인 것(the universal)을 표현하는 데 반해 역사는 특수한 것(the particular)을 이야기하기 때문이다. '보편'이라 함은 어떤 인물이 개연성이나 필연성에 따라 어떤 말이나 행동을 한다는 것을 뜻한다. 시에 등장하는 인물들이 비록 특정한 이름을 갖고 있다 해도 시의 목적은 어디까지나 보편성이다. 그에 반하여 '특수'라 함은 예컨대 알키비아데스(Alcibiades)가 실제로 무슨 일을 했고 무슨 일을 겪었는지를 말하는 것이다.

이 점은 희극의 경우 오래전부터 아주 명백하게 드러났다. 희극에서는 개연적인 사건들로 플롯을 구성한 다음에 비로소 인물들에게 일상적인 이름들을 부여한다. 이는 특정 개인들에 대한 풍자시를 짓는 시인들과는 다른 점이다.

한편 비극에서는 과거에 실제로 존재했던 사람의 이름을 쓴다. 그 이유는, 개연성이란 다시 말해 신뢰감(what is possible is credible)이기 때문이다. 발생한 적이 없는 사건들에 대해서는 어쩐지 미심쩍어 하는 것이 인지상정이다. 그러나 이미 일어난 사건들은 당연히 가능한 사건들이다. 만일 그것이 가능하지 않았다면 발생하지도 않았을 테니 말이다.

그렇지만 한 두 명의 친숙한 이름만 쓰고 나머지는 시인이 지어낸 이름들을 붙인 비극들도 있고, 아가톤(Agathon)의 『안테우스(Antheus)』처럼 사건과 인물이 모두 허구인 것도 있다. 물론 그래도 여전히 극이 주는 즐거움은 똑같지만 말이다. 그러므로 비극의 소재를 얻으려고 통상적 비극의 주제인 기존의 전설(received legends)에만 전적으로 매달릴 일이 아니다. 그렇게 하는 것은 어리석은 일이다. 왜냐하면 알려진 주제라 하더라도 오로지 소수에게만 알려진 것이기 때문이다. 비록 그 주제가 모든 사람에게 즐거움을 주는 것이라 하더라도 말이다(for even subjects that are known are known only to a few, and yet give pleasure to all).

그러므로 시인 혹은 창작자(poet or maker)는 운문의 창작자가 아니라 플롯의 창작자가 되어야만 한다. 왜냐하면 그는 모방하니까 시인이고, 또 그가 모방하는 것은 행동이기 때문이다. 그가 역사적 주제를 소재로 택했다 하더라도 그는 여전히 시인이다. 왜냐하면 실제로 일어난 사건이라 하더라도 얼마든지 개연성과 가능성의 법칙(law of the probable and possible)에 부합될 수 있기 때문이다. 역사적 사건들이 가진 그런 기능 덕분에 그는 역사의 시인 또는 역사의 창작자가 될 수 있는 것이다.

모든 플롯과 행동들 중에서 가장 나쁜 것은 에피소드적 행동이다. 에피소드 혹은 행동들이 아무런 개연적 혹은 필연적 시퀀스 없이 연속되는 것을 나는 에피소드적 플롯(a plot episodic)이라고 부른다. 그런 연극은 능력이 모자라는 열등한 시인들이 만드는 것이지만, 우수한 시인들도 연기자들에게 영합하기 위해 그런 연극을 만든다. 왜냐하면 경연을 위한 흥행극을 쓸 때 플롯을 지나치게 늘이는 바람에 자연스러운 연속성을 깨트리는 경우가 자주 있기 때문이다.

 다시 말하거니와, 비극은 하나의 완전한 행동의 모방일 뿐만 아니라, 두려움이나 연민을 일으키는 사건들(events inspiring fear or pity)의 모방이다. 그런데 우리 마음속에 두려움과 연민이 가장 효과적으로 발생하는 것은 뜻하지 않은 사건이 우리를 덮칠 때이다(when the events come on us by surprise). 더군다나 사건들이 정확한 원인과 결과에 의해 일어날 때 그 효과는 한층 고조된다. 비극의 경이감은 사건들이 저절로 또는 우연히 일어날 때 보다 이처럼 원인과 결과의 법칙을 따를 때 훨씬 커진다.

 우연한 사건도 무슨 의도가 있는 것처럼 보일 때(when they have an air of design) 충격을 자아낸다. 예컨대 아르고스

(Argos)에서 미티스(Mitys)의 동상이 그 밑에서 축제를 구경하던 사람의 머리 위에 떨어져 그를 즉사시켰는데, 이 구경꾼은 바로 미티스의 암살자였다. 그러므로 이 사건은 순전히 우연하게 발생한 것으로 보이지 않는다. 예컨대 이런 원칙들에 의거해 구성된 플롯이 가장 우수한 플롯이다.

제10장

단순한 플롯, 복합적 플롯

플롯은 단순(Simple)하거나 아니면 복합적(Complex)이다. 왜냐하면 플롯이 모방하고 있는 실제 생활 속의 행동들이 이와 비슷한 구분을 보여주기 때문이다. 단일하고 지속적인 행동(an action which is one and continuous)을 나는 단순한 플롯이라고 부른다. 운명의 변화가 반전(Reversal of the situation)이나 깨달음(Recognition) 없이 일어나는 경우이다.

복합적인 행동이란, 변화가 깨달음 혹은 반전에 의해 일어나거나, 혹은 두 가지 경우가 동시에 합쳐져 일어날 때의 행동이다. 반전과 깨달음은 플롯의 구조 자체에서 생겨나는 것이라야 한다. 그래서 그 결과는 필연성이나 개연성에 의해 앞선 사건들을 뒤따르는 것이어야 한다. 앞뒤의 사실들이 서로 원인이 되어 발생하는 것과 단순히 연속하여 생기는 것 사이에는 아주 큰 차이가 있다.

제11장

깨달음은 무지에서 앎으로의 전환, 플롯의 세 번째 요소는 고통의 장면

상황의 반전은 행동의 방향이 완전히 반대가 되는 것이다. 그러나 다시 강조하지만 개연성이나 필연성이 있어야 한다. 예컨대 소포클레스의 『오이디푸스 왕』에서 어떤 사람이 오이디푸스를 기쁘게 하고 그의 어머니에 대한 의구심을 해소시켜주려고 오지만 그는 본의 아니게 오이디푸스의 정체를 밝힘으로써 정반대의 결과를 낳는다. 또한 『린케우스(Lynceus)』에서는 린케우스가 죽을 자리로 끌려가는데 다나오스(Danaus)가 그를 죽이려고 함께 간다. 그러나 우여곡절 끝에 오히려 다나오스가 죽고 린케우스는 살아남게 된다.

깨달음이란 문자 그대로 무지에서 앎으로의 변화(a change

from ignorance to knowledge)를 말한다. 그리하여 인물들 사이에 친밀하거나 적대적인 관계가 생겨난다.『오이디푸스』에서 보듯 가장 효과적인 깨달음은 반전과 직접 결합하는 경우이다. 물론 그와 다른 종류의 깨달음도 있다. 무생물이나 아주 사소한 사물들도 깨달음의 대상이 될 수 있다. 어떤 사람이 실제로 어떤 행위를 저질렀거나 또는 저지르지 않았거나 하는 사실도 드러난다. 그러나 플롯과 행동에 가장 밀접하게 연결된 깨달음은 사람에 대한 깨달음이다. 반전과 결합된 이 깨달음이야말로 연민이나 두려움을 자아낸다.

우리의 정의에 따르면 비극은 바로 이런 종류의 사건들의 모방인 것이다. 행운과 불운이 생기는 것은 바로 그런 상황들 때문이다. 그리고 깨달음이란 사람들 사이의 알아봄이므로 한 사람이 일방적으로 다른 사람을 알아보는 경우도 있고, 또는 서로 동시에 알아보는 경우도 있다. 예를 들면 오레스테스는 이피게니아(Iphigenia)가 보낸 편지를 읽고 그녀를 알아보지만, 이피게니아가 오레스테스를 알아보기 위해서는 별다른 깨달음의 방법이 필요했다.

이처럼 플롯 구성의 두 요소인 반전과 깨달음은 놀라움(surprises)으로 이어진다. 플롯의 세 번째 요소는 고통의 장면(Scene of Suffering)이다. 고통스러운 장면은 파괴적

(destructive)이고 고통스러운(painful) 행동들로 이루어져 있다. 무대에서 일어나는 죽음, 심한 육체적 고통, 부상, 기타 그와 비슷한 종류의 것들이다.

제12장

프롤로그, 에피소드, 퇴장

앞에서는 비극의 전체(whole)를 구성하는 부분들을 언급하였다. 이제는 비극의 양적 부분들(quantitative parts)을 논해야겠다. 비극은 프롤로그, 에피소드, 퇴장(Exode), 합창(Choric song) 등으로 나뉜다. 합창은 파로도스(Parode)와 스타시몬(Stasimon)으로 나뉘는데, 이것은 모든 극에 공통된다. 무대에서 배우들이 노래하는 것은 특이한 경우이다.

프롤로그는 비극에서 합창대의 입장 앞에 오는 부분 전부를 말한다. 에피소드는 완전한 두 곡의 합창 노래 사이에 있는 부분 전부를 말한다. 엑소도스는 마지막 합창 노래에 뒤따르는 부분 전부를 말한다. 합창 중에서 파로도스는 처음의 합창 전부를 말하고, 스타시몬은 장장단격이나 장단격이 아닌 운율로 되어 있는 합창 노래이다. 코모스(Commos)는 합창대와 배우들이 서로 주거니 받거니 하는 탄식이다. 비극의 질적 성격을 결정하는 부분들은 먼저 논의했고 바로 위에서는 수량적 분석에 따른 구분을 말했다.

제13장

순간적인 판단착오로 비극적인 운명을 맞는 주인공

앞에서 논의한 문제에 뒤이어 이번에는 플롯을 구성할 때 목표로 삼을 것과 피해야 할 것, 그리고 특이한 비극적 효과를 내기 위한 수단을 고찰해 보아야겠다.

우선 가장 우수한 비극의 구조는 단순하지 않고 복합적이어야 하며, 뿐만 아니라 두려움과 연민을 일으키는 사건을 제시하여야 한다. 이 점이 비극 예술(tragic imitation)의 특징이다.

무엇보다 분명한 사실은 첫째, 의로운 사람(des hommes justes, virtuous man)이 행운(prosperity)에서 불운(adversity)으로 떨어져서는 안 된다. 그런 일은 두려움도, 연민도 일으키지 않고 오직 거부감을 줄 뿐(répugnance, shocks us)이다.

둘째, 성질 나쁜 사람(des méchants, bad man)이 불운에서 행운으로 옮겨가서도 안 된다. 그것처럼 비극 정신에서 멀리 떨어진 것은 없다. 그것은 동정심도, 연민도, 두려움도 일으키지 않는다.

셋째, 극악무도한 인간(de véritable scélérat, utter villain)의 추락을 보여주어서도 안 된다. 그런 플롯은 동정심을 불러일으킬 수는 있으나 연민이나 두려움을 일으키지는 못한다. 왜냐하면 연민은 부당하게 불운(unmerited misfortune)을 겪는 사람에게 향하는 것이고, 두려움은 우리와 비슷한 사람의 불운에서 야기되는 것이기 때문이다. 그러므로 이 세 번째의 경우에는 연민도 두려움도 일어나지 않는다.

따라서 남은 것은 그런 극단적 인물들의 중간쯤에 위치하는 사람으로서 뛰어나게 도덕적이거나 정의로운 사람이 아니며(sans être absolument vertueux ni juste, who is not eminently good and just), 자신의 나쁜 성질(vice)이나 악행(depravity) 때문에(non pas à cause de sa mauvaise nature et de sa méchanceté) 불운을 겪는 것이 아니라 단지 자신의 판단착오(error)나 성격의 나약함(frailty)때문에 불운을 당하는 사람이다. 행운가도를 달리던(prosperous) 그 유명한(highly renowned) 오이디푸스, 티에스테스(Thyestes)같은 사람들, 혹은 그 비슷한 명문가의 사람들이 이 원칙에 들어맞는 비극적 인물들이다.

훌륭한 플롯은 단일해야(single) 하고, 어떤 사람들이 주장하듯, 이중적(double)이어서는 안 된다. 불운에서 행운으로 변화해서는 안 되며, 행운에서 불운으로 변화해야만 한다. 그 원인도 악한 본성 때문이 아니라 위에서 언급한 바와 같이 악하기보다는 좋은 편인 사람이 저지른 중대한 착오나 의지박약 때문이어야 한다. 실제로 비극들을 보면 나의 지론이 옳음을 알 수 있다. 초창기에 시인은 이야기를 손에 잡히는 대로 마구 선택했으나 오늘날 우수한 비극들은 몇몇 특정 가문을 중심으로 구성된다. 예를 들면 알크마이온(Alcmaeon), 오이디푸스, 오레스테스, 멜레아거(Meleager), 티에스테스, 텔레포스(Telephus) 등 무서운 일을 당하거나 저지른 사람들을 다루고 있다.

그러니까 시 창작 기술의 기준에 따라 완벽한 비극을 만들려면 이런 구성을 따라야만 한다. 에우리피데스(Euripides)가 이런 원칙을 따랐다고 해서 그를 비난한다면 그건 잘못이다. 그의 많은 비극들은 불행으로 끝난다. 내가 위에서 말했듯이 그런 종말은 지극히 정당하다. 그런 극이 경연 대회 무대에서 효과적으로 연출되기만 하면 훌륭한 비극적 효과를 낸다는 사실이 이를 입증한다. 에우리피데스가 그의 주제를 다루는 방법이 좀 서툴렀다 하더라도 그는 모든 시인 중 가장 비극다운 비극의 시인이다.

일부 사람들이 가장 좋은 형식이라고 생각하는 비극은 실은 두 번째 등급의 것이다. 즉 『오디세이아』처럼 이중적 구조를 가지고 있어서 선한 인물과 악한 인물이 각각 서로 반대되는 결말에 이르는 것이다. 관객이 이것을 가장 좋은 비극이라고 평가하는 것은 그들의 판단력이 취약하기 때문이다. 시인들은 관객의 취향에 부응하기 위해 그들에게 영합한다. 그러나 이런 비극에서 얻는 쾌감(pleasure)은 진정한 비극적 쾌감이 아니다. 그것은 오히려 희극에서 얻을 만한 쾌감이다. 희극에서는 오레스테스와 아이기스토스(Aegisthus)처럼 철천지원수 사이일지라도 종말에 가서는 서로 친구가 되어 퇴장하고 아무도 죽지 않는다.

제14장

비극적 사건은 가족처럼 가까운 사이에서 일어날 때 가장 효과가 좋다

두려움과 연민의 효과는 무대 위의 시각적 장치(by spectacular means)에서도 생길 수 있다. 그러나 또한 사건들의 내적 조직(inner structure of the piece) 자체에서 생길 수도 있다. 바로 이 점이 더 중요하며 우수한 시인을 판별할 수 있는 기준이기도 하다.

플롯은 사건이 눈에 보이지 않고 다만 그에 대한 대화를 듣기만 해도 관객이 두려움에 몸을 떨고 연민으로 마음이 녹아내릴 듯 구성되어야 한다. 우리가 『오이디푸스』의 이야기를 들을 때 느끼는 인상이 바로 그것이다. 그러나 순전히 시각적인 장치로 이런 효과를 내는 것은 별로 예술적이지 않다. 이것은 연극 외적 도움에 의존하는 것이다.

두려움이 아니라 단지 기괴함의 효과만 노리고 시각적 장면을 사용하는 사람들은 비극의 영역에서 멀리 벗어난 시인들이다. 우리는 비극에서 모든 종류의 쾌감이 아니라 비극에 합당한 쾌감만을 요구해야 한다. 시인이 제공할 수 있는 쾌감은 모방을 통한 연민과 두려움에서부터 오는 것이므로 이러한 성질들이 사건 속에 깊이 스며들어 있어야 한다.

그러면 어떤 사건이 두려움이나 연민의 감정을 자아내는지를 논의하기로 하자. 이런 효과를 낼 수 있는 행동은 세 가지 관계에서, 즉 친구 사이, 원수 사이, 혹은 이것도 저것도 아닌 사이에서 일어난다. 만일 원수 관계의 사람이 상대편을 죽였다면, 비록 고통 자체는 연민을 자아내지만 그 행동이나 의도에는 연민을 자극할만한 아무것도 없다. 서로 상관없는 사람들 사이의 관계도 마찬가지다.

그러나 비극적 사건이 가깝거나 친밀한 사이에서 일어난다면 — 형이 아우를 죽이든가 죽이려고 하든가, 아들이 아버지를 죽이든가, 어머니가 아들을 죽이든가, 아들이 어머니를 죽이든가 한다면 — 이런 상황은 시인이 추구해야 할 좋은 소재이다. 시인은 오레스테스의 손에 어머니 클리템네스트라(Clytemnestra)가 죽는다든가, 알크마이온의 손에 역시 어머니 에리필레(Eriphyle)가 죽는다든가 등등의 기존의 전설을 바꿀 수는 없다. 그러나 그는 이런 전통적 소재들을 자기 식으로 솜씨 좋게 재구성해야만 한다. 솜씨 좋은 재구성이 무엇인지 좀 더 분명히 설명해 보겠다.

옛 시인들이 사용한 방식이기도 하지만, 우선 의식적으로 행해지는 행동이 있다. 다시 말하면 주인공들은 자신의 행위가 무엇인지를 잘 알고 있는 상태에서 어떤 행동을 저지른다. 메데아(Medea)가 자기 아이들을 죽이는 장면에서 에우리피데스가 썼던 방식이다.

둘째로는 행위자들이 자기가 저지르고 있는 무서운 일을 알지 못하고 있다가 나중에야 친척 관계 혹은 친구 관계라는 것이 밝혀지는 경우이다. 예컨대 소포클레스의 오이디푸스가 그렇다. 이 작품의 경우 끔찍한 일은 극의 외부에서 발생한다. 그러나 아스티다마스(Astydamas)의 알크마이온이나 『부상당한 오디세우스』에 나오는 텔레고노스(Telegonus)의 경우는 끔찍한 일이 극 내부에서 발생한다.

세 번째는 잘 알고 행위를 하려다가 하지 않는 경우이며, 네 번째는 아무것도 알지 못하는 상태에서 돌이킬 수 없는 행위를 저지르려는 찰나에 중요한 일이 밝혀지는 경우이다.

이것들이 가능한 방식 전부이다. 행위는 저질러지든가 저질러지지 않든가 둘 중 하나이며, 행위자들은 그것을 고의로(wittingly) 하거나 아니면 별 생각 없이(unwittingly) 하거나 둘 중의 하나이다. 이 경우들에서 가장 나쁜 것은 행위자가 모든 사실을 환히 알면서 행동을 하려다가 그만 못하고 마는 경우이다. 아무런 재앙이 따르지 않으므로 이것은 전혀 비극적이지 않고 그저 불쾌하기만 할 뿐이다. 그러므로 비극에서는 이런 일이 거의 일어나지 않는다. 『안티고네(Antigone)』에서 하이몬(Haemon)이 크레온(Creon)을 죽이겠다고 위협하는 것은 드문 예 중의 하나이다.

그 다음으로 더 좋은 방식은, 행위가 저질러지는 것이다. 더 좋은 것은, 몰라서 저지르고 나중에 진실이 밝혀지는 경우이다. 여기서는 불쾌한 것이 없으며, 발견은 강력한 효과를 자아낸다. 그러나 마지막으로 가장 좋은 것은, 예를 들자면 『크레스폰테스(Cresphontes)』에서 메로페(Merope)가 자기 아들을 죽이려다가 아들임을 깨닫고 목숨을 살려주는 경우이다. 마찬가지로 『이피게니아(Iphigenia)』에서는 누이가 남동생을 즉각 알아보고, 『헬레(Helle)』에서는 아들이 어머니를 남의 손에 넘겨주려는 순간 어머니를 알아본다. 앞에서 말했듯, 비극이 몇 몇 가문의 이야기를 중심으로 벌어지는 이유가 바로 여기에 있다. 이것은 예술적으로 고심한 결과가 아니라(it was not art) 시인들이 탁월한 비극적 소재를 찾다가 우연히 얻은 결과이다. 그래서 시인들은 이처럼 고통스러운 사건의 역사를 지닌 몇몇 집안에 의존하지 않을 수 없게 되었다.

이상으로 사건들의 구조(structure of the incidents)와 플롯의 올바른 방식(the right kind of plot)에 관해서 충분히 논의했다.

제15장

인물의 정형화

인물의 성격(character)과 관련해서는 다음의 네 가지를 목표로 해야 한다.

첫째, 인물들은 선해야 한다(it must be good). 말이나 행동이 그 사람의 결심을 드러낼 때 그것이 바로 성격이다. 이 결심이 훌륭하면 성격도 좋다고 할 수 있다. 이 규칙은 모든 신분의 인간에게 적용된다. 여자는 열등한 존재(inferior being)이고, 노예는 완전히 무가치한(quite worthless) 존재라는 신분의 차이가 있지만, 여자도 선할(good) 수 있고, 노예도 역시 선할 수 있다.

둘째로 인물들은 적합성(propriety)이 있어야 한다. 성격 중에는 남성적인 용맹성(manly valor)이라는 것이 있다. 만일 여자가 용맹스럽거나 거침없는 명민함(unscrupulous cleverness)을 갖고 있다면 그것은 여성의 성격으로는 적합하지 않다(inappropriate).

셋째로 인물은 사실적이어야(true to life) 한다. 이것은 앞에서 말한 인물의 훌륭함이나 타당성과는 별개의 문제다.

넷째로 인물은 일관성(consistency)이 있어야 한다. 일관성이 없는 사람을 그릴 때에도 그의 일관성 없음은 역시 일관되게 나타나야 한다(he must be consistently inconsistent).

성격이 이유 없이 달라진 경우는 『오레스테스』의 메넬라오스(Menelaus)이며, 어울리지 않고 부적합한 성격을 보여주는 것으로는 『스킬라(Scylla)』에서 멜라니페(Melanippe)가 하는 말과 비탄에 잠긴 오디세우스의 모습이다. 일관성이 없는 경우는 『아울리스의 이피게니아(Iphigenia at Aulis)』이다. 앞부분에서 애원하던 여자와 나중 부분의 여자가 동일한 인물임에도 불구하고 서로 전혀 닮지 않았기 때문이다.

플롯 구성과 마찬가지로 인물 묘사(portraiture)에서도 시인은 언제나 필연성(the necessary)과 개연성(the probable)을 추구해야 한다. 그래서 한 특정의 인물은 필연성 또는 개연성의 법칙에 따라 특정의 말이나 행동을 해야 한다. 그리고 사건도 필연적이고 개연적인 시퀀스에 의해 인물과 부합해야 한다.

얽힌 이야기 가닥들을 푸는 일도 플롯 그 자체에서 일어나야 한다. 『메데아』나 『일리아드』의 그리스군의 귀환 장면에서처럼 데우스 엑스 마키나(Deus ex machina, 그리스 연극에서 신이 갑자기 기계 장치로 무대에 나타나 결말을 지은 데서 나온 말. 무대 위에서의 갑작스러운 신의 도움-역주)의 개입으로 이루어져서는 안 된다. 데우스 엑스 마키나의 개입은 사람이 알 수 없는 과거의 사건이나 앞으로 일어날 미래의 사건 같이 극의 범위 밖에서 생긴 사건에서만 사용되어야 한다. 왜냐

하면 신들은 모든 사실을 볼 수 있다고 간주되기 때문이다.

줄거리 안에서는(within the action) 비합리적인(irrational) 일이 하나도 있어서는 안 된다. 만일 비합리적인 것을 배제할 수 없다면 그것은 비극의 범위 밖에서 일어난 것이어야 한다. 소포클레스의 오이디푸스가 바로 그런 비합리적인 요소이다.

비극은 지체 높은 사람들의 모방(imitation of persons who are above the common level)이므로 유능한 초상화가들의 예를 따라야 할 것이다. 초상화가들은 모델의 특징적 형태를 부각시켜 사실적으로 그리면서도 그를 실제보다 한층 아름답게 그린다(make a likeness which is true to life and yet more beautiful). (알베르티의 『회화론』에서 이 구절이 그대로 인용된다-역주). 마찬가지로 시인은 성마르거나 게으르거나 또는 그 비슷한 결점이 있는 인물들을 묘사할 때라도, 비록 그런 특성은 보존해야겠지만, 하여튼 그들을 고상하게 그려야 한다. 아가톤과 호메로스가 아킬레우스를 그린 방식이 바로 그런 것이었다.

이상이 시인이 지켜야 할 규칙들이다. 시인은 또한 감성에 대한 호소(appeals to the senses)도 소홀히 하지 말아야 한다. 감성에 대한 호소는 시의 본질은 아니라 하더라도 시의 부수적인 요소들이기 때문이다. 그리고 여기에 오류의 여지가 많기 때문이다. 그러나 이에 대해서는 이미 출판된 내 여러 저서에서 충분히 논의한 바 있다.

제16장

깨달음의 여러 수법들

깨달음(Recognition)이 무엇인지에 대해서는 이미 앞에서 설명했다. 여기서는 깨달음의 여러 종류를 열거하려 한다.

첫째로 징표를 통한 깨달음(recognition by signs)이 있는데 이는 기술적으로 열등하고 지혜가 부족하기 때문에 사용하는 방법이다. 이런 징표 중에는 "이 땅에 태어난 모든 인간이 지니는 창 자국"이나 몸의 자국이나 카르키노스(Carcinus)가 『티에스테스(Thyestes)』에서 도입한 별처럼 선천적인 것이 있다. 다른 것들은 후천적인 것으로, 칼자국 같은 신체적인 특이점들이다.

외부적 징표로는 목걸이나, 『티로(Tyro)』에서 발견의 계기가 되는 작은 방주 같은 것이 있다. 이런 것들도 잘 사용되거나 잘못 사용되는 경우에 따라 효과가 달라진다. 예를 들면 오디세우스가 몸의 상처를 통해 자기가 누구인지를 알리는 것도 유모를 통해 하는 방법과, 돼지치기들을 통해 하는 방법 등 두 가지가 있다. 사실증명이라는 분명한 목적을 위해 그런 징표를 사용하거나 또는 사용하지 않는 것은 깨달음 중에서도 열등한 기술이다. 오디세이아의 목욕 장면에서처럼 사건의 전환(turn of incident)과 함께 생기는 깨달음이 훨씬 좋은 방법이다.

둘째는 시인이 마음대로 만들어내는(invented at will) 것으로, 당연히 예술성이 떨어진다(wanting in art). 하나의 예는 『이피게니아』에서 오레스테스가 자기가 누구인지를 알리는 것이다. 이피게니아는 편지를 통해 누구인지 알려지지만 오레스테스의 정체는 플롯 자체와 상관없이 작가 자신이 직접 관객에게 말해 버린다. 그 결과는 앞에서 말한 것, 즉 물질적 징표를 꺼내 보이는 것과 아주 비슷한 결함이 되었다. 또 다른 예는 소포클레스의 『테레우스(Tereus)』에서 베틀의 북이 움직이는 소리(voice of shuttle)이다.

세 번째는 어떤 것을 보았을 때 예전에 경험한 기억이 되살아나듯, 기억을 통해 깨닫는 것이다. 예를 들자면 디카이오

게네스(Dicaeogenes)의 『사이프러스 사람들』에서 주인공은 그림을 보자 울음을 터뜨린다. 또는 『알키노우스의 지형(地形)(Lay of Alcinous)』에서 오디세우스는 음유시인(minstrel)이 수금(竪琴)을 연주하는 것을 듣고는, 기억이 떠올라 눈물을 흘린다. 그리고 깨달음이 이어진다.

넷째는 추리를 통한 깨달음이다. 예를 들면 『제주를 바치는 여인들(Choephori)』에서 "나와 닮은 사람이 왔네. 나와 닮은 사람은 오레스테스 밖에 없는데. 그렇다면 이건 오레스테스가 아닌가"라는 구절이 바로 그것이다. 또한 소피스트인 폴리이도스(Polyidus)의 연극에서 이피게니아가 뭔가 새로운 것을 발견하는 과정도 이와 비슷하다. 그래서 자연스럽게 "내 누이처럼 나도 제물이 되어 죽을 것이다"라는 오레스테스의 추리가 이어지는 것이다. 테오덱테스(Theodectes)의 『티데우스(Tydeus)』에서 아버지는 이렇게 말한다. "내 아들을 찾아 왔는데, 내가 죽게 생겼군". 『피네이다이(Phineidae)』에서는 여자들이 한 장소를 보자마자 자기들의 운명을 추측한다(infer). "우리가 죽을 장소로군. 우리가 쫓겨난 곳이 바로 여기니 말이야(for here we were cast forth)."

『메신저로 분장한 오디세우스』에서처럼 캐릭터의 그릇된 추리(false inference)에 의존하는 복합적인 깨달음의 방법도 있다. A라는 사람이 오디세우스 말고는 아무도 활을 구부릴 수 없다고 말하자 B라는 사람은 A가 그 활을 알아 볼 것이라고 생각한다. 실상 A는 한 번도 활을 본적이 없는데도 말이다. 이런 방법으로 깨달음을 유도하는 것, 즉 A가 활을 알아 볼 것이라는 기대는 틀린 추론이다.

가장 잘된 깨달음은 사건들 자체에서 생기는 것이다. 즉 자연스러운 수단(natural means)을 통해 놀라운 발견(startling discovery)이 이루어지는 경우이다. 소포클레스의 『오이디푸스』와 『이피게니아』가 그런 예이다. 이피게니아가 편지를 보내려는 것은 자연스러운 일이기 때문이다. 이런 깨달음들만이 징표나 부적(amulets) 따위의 인위적 도움 없이 사건을 끌어갈 수 있다. 그 다음으로 잘된 것은 합리적 추리에서 오는 깨달음이다.

제17장

핵심적 플롯과 에피소드

적절한 언어를 사용하여 플롯을 구성할 때 시인은 무대 장면이 자기 눈앞에서 펼쳐지는 것처럼 상상해야 한다. 마치 사건이 발생한 곳에 자기가 직접 가 있는 듯이 모든 것을 최대한 생생하게 그려보는 사이에 시인은 무엇이 적합한지(what is in keeping with it)를 발견할 수 있고, 일관성을 소홀히 하는 일도 피할 수 있다. 이런 규칙의 필요성은 카르키노스(Carcinus)의 과오에서 잘 증명된다. 암피아라오스(Amphiaraus)는 신전에서 돌아오는 중이었는데, 이 장면을 상상해보지 않았던 시인은 그만 이 사실을 빠트리고 말았다. 이 작품이 무대에 올려 졌을 때 관객들은 극작가의 부주의에 불쾌감을 느꼈고, 결국 극은 실패했다.

다시 말하거니와 시인은 인물의 몸짓에 이르기까지 세심한 작업을 해야 한다. 등장인물과 자연스럽게 공감하며 그 감정을 느끼는 자만이 관객을 더 잘 설득할 수 있다. 폭풍처럼 강렬한 감정을 느끼는 자만이 관객을 폭풍처럼 감동시킬 수 있고, 격노하여 몸을 떨 줄 아는 자만이 관객을 분노하게 만들 수 있다. 그래서 시 예술은 강렬하거나 고양된 기질의 사람들에게 속한 예술이다.

시는 행복한 자연의 선물(a happy gift of nature)에서 나오거나 아니면 광기의 팽팽한 긴장(strain of madness)에서 나온다. 행복하게도 자연의 재능을 타고 난 사람은 모든 캐릭터를 주조(take the mould of any character)해 낼 수 있으나, 광기로 시를 짓는 사람은 그저 자기 자신으로부터 벗어날(he is lifted out of his proper self) 뿐이다.

이야기가 전부터 있던 것이거나 시인 자신이 창작한 것이거나 간에 시인은 자기 이야기의 전체적 구도를 설정한 후, 그것을 에피소드로 채우고, 디테일로 풍요롭게 해야 한다. 그러한 전체적 구도를 설정한 좋은 예는 『이피게니아』에서 볼 수 있다.

한 젊은 여자가 제물로 바쳐졌는데 제관들이 한 눈을 파는 사이 감쪽같이 사라져버린다. 그녀가 누군가에 의해 옮겨간 지역에서는 이방인을 여신의 제물로 바치는 전통적인 관습이 있다. 그녀는 이 관습을 집행하는 여사제가 되었다. 얼마 후 그녀의 오빠가 우연히 이 고장에 들렀다. 그가 거기 온 것은 어떤 신의 신탁에 따른 것인데 그 이유는 플롯에 포함되지 않는다. 도착 즉시 사로잡혀 제물로 바쳐지려는 순간, 그의 정체가 드러난다. 희생 제물이 되는 것이 자기 누이동생과 똑같은 운명이라고 개탄하는 말을 듣고 여사제가 즉각 그가 누구라는 것을 알아차렸기 때문이다.

깨달음의 방식은 에우리피데스와 폴리이도스에서 똑같다. 이 두 극에서 똑같이 오레스테스는 아주 자연스럽게 이렇게 외친다. "그러니까 내 누이만이 아니라 나도 제물로 바쳐질 운명이었군". 바로 이 말 때문에 그는 구출된다.

인물들에게 일단 이름이 주어지면 거기에 에피소드들을 채워 넣는 일이 남는다. 에피소드들은 줄거리에 적절히 어울리도록(relevant to the action) 만들어야 한다. 예컨대 오레스테스가 갑자기 미쳐서 붙잡히게 되는 장면과 정화 의식(purificatory rite)을 통해 풀려나는 장면 같은 것이다.

드라마에서는 에피소드들이 간결한데, 서사시는 에피소드들로 말미암아 길이가 한없이 길어진다. 『오디세이아』의 줄거리는 간단하게 요약할 수 있다. 한 남자가 수년 동안 외지에 나가 있다. 질투에 사로잡힌 포세이돈이 호시탐탐 그를 노린다. 한편 고향집은 풍비박산이 되어 비참하기 짝이 없다. 혼자 남은 아내와 결혼하겠다고 나선 구혼자들이 그의 재산을 마구 빼앗아 탕진하고, 그의 아들을 몰아내려는 나쁜 음모를 꾸미고 있다. 마침내 온갖 폭풍을 다 이겨내고 그는 집에 돌아온다. 그리고 몇몇 사람들에게 자기 정체를 밝힌 후, 혼자 구혼자들을 공격한다. 결국 자기 목숨은 보존하고 적들을 전멸시킨다. 이것이 핵심적인 플롯(essence of the plot)이고 나머지는 모두 에피소드들이다.

제18장

플롯의 얽힘과 풀림

 모든 비극은 두 부분으로 나뉜다. 얽힘(Complication)과 풀림(Unraveling) 혹은 대단원(Denouement)이 그것이다. 줄거리 밖에서 일어난 사건들(incidents extraneous to the action)은 주요 줄거리의 부분과 연결되어 줄거리를 복잡하게 꼬이게 한다(form the Complication). 그 나머지는 풀림이다. '얽힘'이라 함은 줄거리의 처음부터 행복이나 불행으로의 전환이 일어나기 직전까지의 모든 일(which marks the turning-point to good or bad fortune)을 말하며, '풀림'이란 전환의 시작부터 끝까지를 말한다. 예를 들자면 테오덱테스의 『링케오스(Lynceus)』에서 얽힘은 드라마 이전에 일어난 사건, 즉 아기의 유괴까지 포함된다. 풀림은 살인의 고발에서부터 끝까지이다.

비극에는 네 가지 종류가 있다. 첫째, 반전(Reversal of the Situation)과 깨달음에 전적으로 의지하는 복합적인 비극(the Complex), 둘째, 아이아스(Ajax)나 이시온(Ixion)을 다룬 연극들과 같은 파토스적(the Pathetic) 비극(이 연극의 모티프는 정념이다), 셋째, 『피오티스(Phthiotides)』와 『펠레우스(Peleus)』같은 에토스적(the Ethical) 비극(이 극들에서의 모티프는 성격이다), 넷째, 포르키데스(Phorcides)와 프로메테우스(Prometheus)를 다룬 극들과 그 외에 하데스(Hades, 지하세계)를 무대 장면으로 올린 작품들 같은 단순한 비극(the Simple)(여기서 순전히 시각적인 요소들은 배제된다) 등이다.

가능하다면 시인은 이 모든 요소들을 다 조합해야 하지만 그럴 수 없다면 그중 가장 좋은 것을, 그리고 가능한 한 여러 가지를 조합해야 한다. 시인들을 막무가내로 비난하는 요즘 세태를 고려하면 더욱 더 그러하다. 오늘날의 비평가들은 한 시인이 모든 선배 작가의 특수한 우수성들을 다 능가하기를 기대하고 있다.

비극들이 서로 같은 종류인가 아니면 다른 종류인가를 알아보려면 플롯을 비교하는 것이 가장 좋은 방법이다. 얽힘과 풀림이 비슷하면 같은 종류의 비극이다. 많은 시인들이 얽힘은 잘 짜지만(tie the knot well) 그것을 푸는 일에는 서투르다. 얽힘과 풀림이라는 두 가지 기술을 다 숙달해야만 할 것이다.

여러 번 언급한 바와 같이 시인은 비극을 서사시 구조(Epic structure)로 만들어서는 안 된다. 즉 다수의 플롯이 있어서는 안 된다는 말이다. 『일리아드』 전체를 극화한다면 그런 일이 일어날 것이다. 서사시에서는, 그 길이 때문에, 각각의 모든 파트가 자기 고유의 규모(magnitude)를 갖고 있다.

드라마에서는 시인의 기대에 부응하는 결과가 나오기 힘들다. 에우리피데스가 『트로이 함락』에서 부분들을 선택하는 대신 그 전부를 다룬 것이 그 증거다. 또 아이스킬로스(Aeschylus)가 니오베(Niobe) 이야기를 다루면서 그녀의 스토리 일부가 아니라 전체를 다루고 있는 것도 같은 경우다. 이 두 작품 모두 완전히 실패하여 초라한 흥행 성적을 올렸다. 아가톤 조차 이런 결함 하나 때문에 작품을 망쳤다.

반전을 통해 시인은 사람들의 취향에 부합하는 놀라운 기술을 보여준다. 거기서 발생하는 비극적 효과는 도덕적 감수성을 만족시킨다. 예를 들어 영리한 사기꾼 시지포스 (Sisyphus)가 제 꾀에 넘어 간다든가(is outwitted) 혹은 용맹스러운 악한이 더 강한 상대를 만나 패한다든가(defeated) 할 때 이런 효과가 발생한다. 이런 일은 개연성의 원칙에 부합한다고 할 수 있다. 그러한 사건은 '개연성'(probable)이라는 단어에 대한 아가톤의 언어 감각(sense of the word)에도 잘 들어 있다. 그는 이렇게 말했다. "개연적이지 않은 일이 무수하게 일어난다는 사실이 바로 개연성이다(it is probable that many things should happen contrary to probability)."

합창대도 배우 중의 하나로 취급되어야 한다. 그들 역시 전체의 구조적인 부분이 되어야 하며 이야기 줄거리에 능동적으로 참여해야 한다. 에우리피데스보다는 소포클레스처럼 해야 한다. 후세 시인들의 합창은 극의 주제와는 별 상관이 없다. 그러므로 그것들은, 아가톤이 처음으로 했듯이, 막간 여흥으로 끼워 넣어야 한다. 극의 장면이 바뀌는 대목에서 노래 끼워 넣기를 시작했는데, 이 때문에 노래 끼워 넣기가 지금은 관행처럼 되었다. 하지만 중간에 엉뚱한 노래를 끼워 넣는 것은 한 작품의 대사 또는 에피소드 전체를 다른 작품에 옮겨 넣는 것과 조금도 다를 바 없다.

제19장

고대의 화용론(話用論)?

비극의 다른 부분들은 다 논의했으므로 이제 언어 표현(Diction)과 생각(Thought)에 대해 말할 차례이다. 생각에 대해서는 내가 이미『수사학』에서 말한 것을 다시 반복하려 한다. 지금 우리의 주제와 딱 맞아 떨어지기 때문이다. 말(speech)에 의해 생성되는 모든 효과가 사고력 속에 포함된다. 그것은 다시 증명(proof)과 반박(refutation)으로 분류된다. 그것으로 인해 야기되는 감정은 연민(pity), 두려움(fear), 분노(anger) 등이다. 그리고 또 어떤 사실의 중요성 혹은 중요하지 않음을 제시하는 기능도 있다.

극적 사건들(dramatic incidents) 안에서도 연민, 두려움,

중요성, 개연성 등의 효과를 내려면 대사(dramatic speeches)와 동일한 방식을 사용해야 한다. 그러나 다음과 같은 차이점이 있다. 즉 사건들(incidents)은 언어적 표현 없이(without verbal exposition) 있는 그대로 전달되어야 하고(should speak for themselves), 연극 대사의 효과는 발언자에 의해 발언의 결과(by the speaker, and as a result of the speech)로서 발생되어야 한다는 것이다. 만일 한 사람의 생각이 그의 말과 상관없이 드러나는 것이라면 도대체 발언자는 뭐 하러 있다는 말인가?(What were the business of a speaker, if the Thought were revealed quite apart from what he says?)

다음은 언어적 표현(Diction)에 관해서 말해 보겠다. 이 학문의 한 분야는 발화 양식(Modes of Utterance)을 다루고 있다. 그러나 이 지식의 영역은 어법의 기술(art of Delivery) 및 그 전문가들에게 속하는 것이다. 예를 들면 명령, 기도(prayer), 진술(statement), 위협, 질문, 응답 등이 여기에 속한다. 이런 것들을 아느냐 모르느냐 하는 것은 시인의 기술을 평가하는데 있어서 별로 중요한 잣대는 아니다. 프로타고라스(Protagoras)는 호메로스의 것이라고 간주되는 "노래하소서, 여신이여, 아킬레우스의 분노를……"이라는 구절을 비판하면서, 기도하는 척하지만 실상은 명령하는 것이라고 말했는데, 이 비판을 받아들일 사람이 과연 몇이나 있겠는가? 그에 의하면 누군가에게 무엇을 하라고 하든가 하지 말라고 하는 것은 '명령'이라는 것이다. 그러나 이런 논의는 시가 아닌 다른 기술에 속하는 연구 과제로 넘겨야 할 것이다.

제20장

아리스토텔레스는 언어학의 아버지!

일반적으로 언어는 문자(Letter), 음절(Syllable), 연결사(Connection Word), 명사, 동사, 어형변화(Inflection) 혹은 격(格, Case), 문장(Sentence) 혹은 구(Phrase) 등을 포함한다. 하나의 문자는 더 이상 나눌 수 없는 소리(indivisible sound)이다. 그러나 무턱대고 아무 소리나 되는 건 아니고, 한 그룹의 소리를 구성하는 하나의 소리(yet not every such sound, but only one which can form part of a group of sounds)이다. 짐승도 더 이상 나눌 수 없는 소리를 내지만 짐승의 소리를 하나의 문자 요소로 생각할 수는 없다.

소리는 모음과 반(半)모음(semi-vowel) 또는 무음(無音,

mute)으로 되어 있다. 모음은 별도로 혀나 입술의 부딪침(impact of tongue or lip)이 없으면 들리지 않는 소리이다. 반모음은 S나 R처럼 혀나 입술의 부딪침이 내는 소리이다. 혀나 입술이 부딪치기는 하나 소리는 나지 않는 무음은 모음과 연결되면 소리가 된다. G나 D 같은 글자가 그것이다.

이 글자들은 입의 형태와 소리가 발생하는 장소에 따라 서로 구분된다. 즉 흡입되는(aspirated) 소리나 부드러운(smooth) 소리, 길거나 짧은(long or short) 소리, 날카롭거나(acute) 둔중한(grave) 소리, 아니면 중간의 톤(intermediate tone) 등으로 결정된다. 중간 강세 등에 따라 달라지기도 한다. 이에 대한 세밀한 논의는 운율론(metre)에 속한다.

음절(Syllable)은 모음과 무음이 결합한 것으로, 그 자체로서는 의미가 없다. 예컨대 GR은 A와 결합되어 GRA가 되건 아니건 하나의 음절이다. 이에 대한 세밀한 지식 역시 운율론에 속한다.

연결사(Connecting word)는 여러 소리를 결합시키지만, 그렇다고 해서 그것이 하나의 의미 있는 말을 만들어 내거나 아니면 방해하거나 하지 않는, 그저 의미 없는 소리이다. 그것은 문장의 끝이나 한 중간에 온다. 각기 의미 있는 소리가 몇 개 모여 하나의 의미 있는 소리가 되기도 한다. 예를 들어 alpha mu theta iota, 또는 pi epsilon rho iota 같은 것이다. 그러나 이것이 문장의 처음, 끝, 또는 문장과 문장 사이를 표시할 때 이런 조합은 아무런 의미가 없다. mu epsilon nu나 eta tau omicron iota 혹은 delta epsilon 같은 경우이다.

명사(Noun)는 시간성이 포함되지 않은, 복합적이고 의미 있는 소리이다. 그 구성 요소 자체들은 의미가 없다. 이중어(double) 혹은 복합어(compound)에서 우리는 분리된 부분을 그 자체로 의미가 있는 것으로 사용하지는 않는다. 그래서 '하느님이 주신(god-given)'이라는 뜻의 테오도로스(Theodorus)에서 선물(gift)이라는 말은 그 자체로는 아무런 의미가 없게 된다.

동사는 복합적이고 의미 있는 소리이며, 시간의 관념이 포함되어 있다. 그러나 명사가 그러했듯이 동사의 부분들도 그 자체만으로는 의미를 지니지 못한다.

'사람'(man)이나 '흰색'(white)은 시간을 표현하지 않지만 '그는 걷는다'(he walks) 혹은 '그는 걸었다'(he has walked)는 현재나 과거 같은 시간을 함축한다.

어형변화(Inflection)는 명사와 동사에 두루 속하며, of 혹은 to 같은 것을 표현한다. 혹은 man과 men처럼 하나와 다수 같은 수(數)를 표현하기도 한다. 또 혹은 말의 실질적 전달 방식과 톤(modes or tones in actual delivery), 즉 질문이나 명령을 수행하기도 한다. 즉 "그는 갔느냐?"(Did he go?) 혹은 "가거라"(go) 같은 것이 이런 종류의 어형 변화이다.

하나의 문장(Sentence)이나 구(Phrase)는 복합적이며 의미 있는 소리인데, 그중 어떤 부분들은 자체의 의미를 지니고 있다. 그 안의 모든 말이 명사나 동사는 아니고, 동사가 없어도 무방하다. 그러나 '걸으면서'(in walking)라든가 '클레온의 아들 클레온(Cleon son of Cleon)'처럼 의미 있는 부분이 반드시 포함되어 있어야 한다. 문장이나 구(句)는 두 가지 방식에서 통일성이 있는데(form a unity), 첫 째 한 가지 일을 의미하거나, 둘 째 몇 개의 부분들이 함께 연결되는 방식에 의해서이다. 그러니까 일리아드는 여러 부분들을 연결해 하나의 통일성을 이룬 경우이고, '인간의 정의'(definition of man)라는 구는 의미된 바의 단일성 때문에 통일성이 있는 것이다.

제21장

은유(메타포)와 유비(아날로지)
- '노년기는 인생의 황혼'은 아날로지

단어들은 단순한 것(simple)과 이중의 것(double), 두 가지 종류가 있다. 단순한 것은 earth처럼 의미 없는 요소들로 이루어진 것이다. 이중적인 것 혹은 복합적인 것(compound)은 의미 있는 요소와 의미 없는 요소가 합쳐져 있거나, 아니면 둘 다 의미 있는 요소들로 이루어 진 것이다. 이런 식으로 단어들은 삼중(triple), 사중(quadruple) 또는 다중(multiple)의 형태가 될 수 있다.

모든 단어는 일상어(current), 외래어(strange), 은유(metaphorical), 장식(ornamental), 신조어(newly-coined), 연장된 말(lengthened), 축약된 말(contracted), 변경된 말(altered) 중

의 하나이다.

일상어 또는 표준어(proper word)라 함은 한 고장 사람들 사이에서 통용되는 말을 뜻한다. 외래어란 다른 고장 사람들 사이에서 통용되는 언어이다. 그러므로 같은 말이 표준어이면서 동시에 외래어일 수 있다. 그러나 동일한 사용자에게는 표준어인 동시에 외래어일 수는 없다. 창(槍)을 뜻하는 sigynon은 사이프러스 사람들에게는 일상어이지만 우리에게는 외래어이다.

은유(隱喩, metaphor)는 전혀 이질적인 이름을 유(類)에서 종(種)으로, 종에서 유로, 종에서 종으로, 또는 유비(類比), 다시 말해 비례에 따라 전환시켜 쓰는 방식이다. Metaphor is the application of an alien name by transference either from genus to species, or from species to genus, or from species to species, or by analogy, that is, proportion.

유에서 종으로 옮아가는 메타포의 예 중에는 "There lies my ship"이라는 표현이 있다. '정박하다'를 의미하는 lie at anchor을 쓰지 않고 그냥 lie를 썼는데, lie at anchor는 lie의 종(種) 개념이기 때문이다.

종에서 유로 옮긴 예로는 "진실로 수만 가지 위업을 오디세우스는 이루었도다(Verily ten thousand noble deeds hath

Odysseus wrought)" 같은 것이 있다. '만(萬)'이란 숫자는 다수의 종(種) 개념인데 여기서는 그냥 일반적인 '다수'를 지칭하는 것으로 쓰였다.

종에서 종으로 옮긴 예는 "동검으로 목숨을 끊었도다(With blade of bronze drew away the life)"를 "휘지 않는 청동의 선박으로 물살을 갈랐도다(Cleft the water with the vessel of unyielding bronze)"로 옮겨 쓴 표현이다. 여기서 draw away는 cleave의 뜻으로 쓰였고, cleave는 다시 draw away의 뜻으로 쓰였다. 이것은 둘 다 '가져가다'(take away)의 종개념들이다.

유비(類比, analogy) 혹은 비례에 의한 은유는 첫 번째 항과 두 번째 항의 같기가 세 번째 항과 네 번째 항의 같기와 같은 경우(when the second term is to the first as the fourth to the third)이다. 이때 우리는 네 번째를 두 번째 대신 쓸 수 있고, 두 번째를 네 번째 대신 쓸 수도 있다. 간혹 우리는 원래의 단어와 관계가 있는 항을 추가함으로써 메타포를 한정시킬 수도 있다.

예를 들면 디오니소스에게 있어서 술잔은 아레스(Ares)의 방패와도 같으므로 우리는 술잔을 '디오니소스의 방패(the shield of Dionysus)'라고 할 수 있고, 또 방패를 '아레스의 술잔(the cup of Ares)'이라고 말할 수도 있다.

다른 예를 들자면, 인생의 노년기는 하루의 저녁과 같으므로, 저녁은 '하루의 노년기(the old age of the day)'라 할 수 있고, 또 노년은 '인생의 저녁(the evening of life)'이라고 불릴 수도 있다. 엠페도클레스(Empedocles)처럼 노년기를 '인생의 황혼(life's setting sun)'으로 부를 수도 있을 것이다.

가끔 비례의 항(項)에 아무런 해당 단어가 없는 경우도 있다. 그래도 메타포는 사용될 수 있다. 예를 들면 씨앗을 뿌리는 것을 '파종하다'라고 하는데 태양이 빛을 사방에 퍼뜨리는 것에는 별다른 이름이 없다. 그러나 그것은 씨 뿌리는 일과 비슷한 까닭에 "신이 창조한 빛을 파종하는 태양(sowing the god-created light)"이라고 시인들은 말하는 것이다. 이런 종류의 은유를 좀 색다르게 쓰는 방법이 있다. 외래어의 원래 뜻 중의 하나를 부정하여 쓰는 방법이다. 예컨대 방패를 '아레스의 술잔'이라고 하는 대신 '술 없는 술잔(wineless cup)'이라고 하는 식이다.

신조어는 보통 사람들이 사용하는 것이 아니라 시인 자신에 의해 채택되는 말이다. 그런 말들이 더러 있다. 예컨대 뿔(horns)을 '새 싹(sprouter)'이라고 하든지, 사제(priest)를 '탄원자(supplicator)'라고 하는 것 등이다.

연장된 낱말은 보통보다 모음이 길거나 다른 음절이 첨가

된 것이다. 축약된 낱말은 한 요소가 제거된 것이다.

변경된 단어는 정상적인 형태의 일부분은 그대로 쓰고 일부분은 고쳐 쓰는 경우이다.

제22장

어법의 종류

 문체의 완벽성(perfection of style)은 평범하지 않으면서 명확한 데 있다. 최고의 명확성은 일상어와 표준어를 쓸 때 얻어진다. 그러나 그것은 진부하게 될 위험이 있다. 클레오폰(Cleophon)과 스테넬로스(Sthenelus)의 시가 그런 경우다.

 기발한 말(unusual words)을 사용하면 어법은 평범함을 넘어(above the commonplace) 고급스러운(lofty) 것이 된다. 기발한 말이란 이상하거나 신기한 말(strange or rare words), 은유적(metaphorical)이거나 연장된(lengthened) 말, 여하튼 보통과는 다른(differs from the normal) 말들을 뜻한다. 그러나 순전히 그런 말들로만 구성된 글은 수수께끼 혹은 은어

(隱語, jargon)가 되고 만다. 만일 메타포로 구성되어 있다면 수수께끼가 될 것이요, 이상한 낯선 말들로만 구성된다면 은어가 될 것이다.

수수께끼란 현실 속의 이야기를 하면서도, 그것들을 연결하는 방식은 현실 속에서 도저히 불가능한, 그러한 어법이다. 단순히 단어들을 조합하는 것만으로는 불가능하고, 오로지 메타포의 사용을 통해서만 가능하다. 예를 들어 "누군가가 다른 사람의 몸에 청동을 불로 지져 용접하는 것을 보았다"는 따위의 말이다. 이상한 말만 잔뜩 늘어놓으면 그것은 은어가 된다.

그러므로 이런 말들을 적당히 뒤섞는 것이 반드시 필요하다. 외래어, 은유, 장식적 표현, 그밖에 앞에서 열거한 형식들을 사용하면 평범함과 진부함을 피할 수 있고, 정확한 단어들을 사용하면 명확성을 유지할 수 있다.

그러나 평범하지 않으면서도 명확성을 기하는 데에는 연장, 축약, 변경만한 방법이 없다. 평범한 관용구에서 벗어나 예외적인 사례로 들어가는 것은 언어에 품위를 준다. 이때 부분적으로 일상적 용법과 타협하는 것은 글의 명료성을 확보해 준다. 그러므로 이런 유연한 어법(licenses of speech)을 비판하고 그 필자를 조롱하는 것은 잘못된 일이다. 예컨대 에우클레이데스(Eucleides)는 음절을 길게 늘여 놓는 재주만 있다면 누구나 쉽게 시인이 될 수 있다고 말한 적이 있다. 그는 시에서의 자기 어법을 그대로 사용하여 그런 행위를 희화화하고 있다.

물론 그런 자유분방함(license)을 눈에 거슬리게 사용하는 것은 그로테스크하다. 모든 시적 표현에서 절제(moderation)는 반드시 필요하다. 은유나 낯선 단어들조차도 적절하게 사용되지 않으면, 또 고의적으로 희극적 효과를 낼 의도로 쓰인다면 자유분방함을 사용할 때와 비슷한 효과를 낼 위험이 있다.

길게 늘임(lengthening)의 적절한 사용이 얼마나 시의 품격을 높여주는 지는 시가(詩歌, verse)에 일상적인 말들을 삽입하여 만든 서사시를 보면 잘 알 수 있다.

낯선 단어, 은유 등을 일상어 혹은 표준어로 바꿔 넣어보면 우리의 논의가 옳다는 것이 분명하게 드러날 것이다. 예를 들자면, 아이스킬로스와 에우리피데스는 똑같은 이암보스 시를 지었는데, 한 단어를 바꿔 넣음으로써 에우리피데스의 시는 아름답게 되었고 아이스킬로스의 시는 평범한 것이 되었다. 아이스킬로스는 "내 발의 살코기를 파먹는 종양(The tumor which is eating the flesh of my foot)"이라고 썼는데 에우리피데스는 '파먹는'을 '맛있게 먹는(feast on)'으로 바꿨던 것이다. "작고 보잘것없고 못난 남자(Yet a small man, worthless and unseemly)"라는 평범한 낱말들 대신 "왜소하고 허약하고 추한 남자(Yet a little fellow, weak and ugly)"라고 하든지, 또는 "보기 흉한 의자와 형편없는 밥상을 차려놓고(Setting an unseemly couch and a meager table)"를 "초라한 의자와 빈약한 식탁을 차려놓고(Setting a wretched couch and a puny table)"로 바꾼 것 등이 그 비슷한 예이다.

합성어와 낯선 단어들에서와 마찬가지로 위의 어법들에서도 적절함을 지키는 것이 중요하다. 그러나 그 무엇보다 중요한 것은 메타포를 잘 구사할 줄 아는(have a command of metaphor) 것이다. 이것만은 타고난 능력의 표시이며 남에게서 절대로 배울 수 없다. 왜냐하면 적절한 메타포를 사용한다는 것은 유사성을 볼 줄 아는 눈을 가졌다는 것을 의미하기 때문이다. To make good metaphors implies an eye for resemblances.

제 23장

살라미스 해전과 카르타고 전쟁

 서사의 형식을 갖고 있고 단일 운문으로 되어 있는 시적 모방에서 플롯은 비극에서와 마찬가지로 드라마의 원칙에 입각하여 구성되어야 한다. 주제에 있어서는 단순한 줄거리(single action)를 가져야 하고, 완전한 전체(whole and complete)이어야 하며, 처음·중간·끝이 있어야 한다. 그러므로 그것은 마치 살아 있는 생물체처럼 단일하고(living organism in all its unity) 그 특유의 즐거움을 산출해야만 한다. 그것은 구조상 역사적 구성과는 다르다.

 역사에서는 단일한 줄거리가 있을 필요가 없고, 오직 단일한 시기가 있을 뿐이며, 그 기간 중에 한 사람 혹은 많은 사람들에게 일어나는 사건들은 서사적 사건과는 달리 서로 연관성이 별로 없다. 살라미스(Salamis) 해전과 시실리의 카르타고 전쟁은 동시에 일어났지만 그 어떤 단일한 결과도 지향하지 않는다. 그저 하나의 사건이 다른 사건에 이어졌을 뿐 아무런 단일한 결과도 발생하지 않았다.

그럼에도 불구하고 대부분의 서사 시인들은 그런 틀린 방식을 따른다. 내가 앞에서 말했지만, 바로 이 점에서 호메로스의 천부적 우수성이 돋보인다. 그는 분명한 시작과 끝이 있는 시를 지으면서도 전쟁 전부를 다 다루지 않았다. 그렇게 한다면 스토리가 너무 길어져 한 번에 하나의 통일체로 파악될 수 없을뿐더러, 크기가 적당하다 하여도 자질구레한 일들이 지나치게 복잡하게 얽힐 것이다. 우리가 주목할 것은 호메로스가 그 전쟁 중에서 통일성이 있는 한 부분만을 선택하였고, 뿐만 아니라 함선의 목록 같은 많은 에피소드를 사용하여 시를 다양하게 확대하였다는 점이다.

제24장

잘못된 추론

서사시도 비극만큼이나 종류가 많다. 단순한(simple) 서사시, 복합적(complex) 서사시, 에토스적(ethical) 혹은 파토스적(pathetic) 서사시 등이 그것이다. 그리고 서사시는 노래와 시각적 장치(spectacle)를 제외하고는 비극의 모든 요소들을 공유한다. 서사시 역시 반전, 깨달음, 고통의 장면(Scenes of Suffering)이 필요하기 때문이다. 그리고 생각(thoughts)과 언어적 표현(diction)은 예술적이어야 한다. 이 모든 점에서 호메로스는 최초이며 완벽한 모델이다. 그의 시(詩)들은 모두 이중의 캐릭터를 갖고 있다. 『일리아드』는 단순하면서도 정념적이며, 『오디세이아』는 복합적이면서(깨달음의 장면이 전편에 골고루 나뉘어 있다)도 에토스적이다. 더욱이 언어적 표현과 생각에서는 가히 최고의 수준이다.

서사시는 구성의 길이와 운율에서 비극과 다르다. 규모와 길이에 있어서는 우리가 앞에서 이미 충분히 그 한계를 정한 바 있다. 즉 처음과 끝이 하나의 단일한 전망 안에 들어올 수 있어야 한다. 이 조건에 맞으려면 시는 옛 서사시들보다 짧은 것이어야 한다. 그리고 길이에 있어서는 앉은 자리에서 전부를 들을 수 있는 정도여야 한다.

그러나 길이를 상당히 늘일 수 있다는 것이 서사시의 특별한 기능이다. 비극은 동시에 일어나는 여러 줄거리들을 한꺼번에 재현할 수 없어, 우리는 단지 무대 위에서 전개되는 이야기와 배우들이 연기하는 역할에 만족할 수밖에 없다. 그러나 서사시는 이야기 방식(narrative form)에 의거하므로, 동시에 여기저기서 일어나는 많은 사건들을 모두 재현할 수 있다. 주제에 적합하기만 하면 작품의 규모와 품위(mass and dignity)를 얼마든지 높일 수 있다는 이야기다. 이런 식으로 효과를 장대하게(grandeur of effect) 만들고, 청중에게 재미를(diverting the mind of the hearer) 주고, 다양한 에피소드들로 스토리에 활력을 주는(relieving the story) 것이 서사시의 장점이다. 비극이 지루해져 실패하는 것은 너무 비숫비슷한 사건만 이어지기 때문이다.

호메로스의 탄복할 만한 여러 능력 가운데 하나는 서사시인들 중 유일하게 시인으로서의 지위를 스스로 확실히 깨닫고 있었다는 점이다. 시인은 될 수 있으면 자기 자신의 말을 하지 않아야 한다. The poet should speak as little as possible in his own person. 주인공의 입을 통해 자기 말을 한다고 해서 모방예술가가 되는 것은 아니기 때문이다(it is not this that makes him an imitator). 호메로스 이외의 다른 시인들은 연극 전체를 통해 자기 모습을 드러내고, 모방은 아주 조금만 하거나 아니면 아예 하지 않는다. Other poets appear themselves upon the scene throughout, and imitate but little and rarely. 그러나 호메로스는 짧은 서설(prefatory words) 다음에 곧장 한 남자, 여자 또는 어떤 인물을 등장시킨다. 그 인물들이 모두 독창적인 캐릭터를 갖고 있음은 물론이다.

신기함의 요소(the element of the wonderful)는 비극에서도 필요하다. 그러나 신기함의 주원인이 되는 비이성적인 사건은 서사시에서 그 폭이 한층 더 넓다. 왜냐하면 서사시에서는 연기자가 보이지 않기(the person acting is not seen) 때문이다. 아킬레우스가 가만히 서있는 그리스인들을 물러서라고 손짓 하면서 헥토르를 추격하는 장면은 만일 무대 위에

올려 졌다면 우스꽝스럽기 짝이 없었을 것이다. 그러나 서사시에서는 독자가 눈치 채지 못한 채 지나간다.

신기한 사건은 즐거움을 준다. 누구나 자기가 알고 있는 사실 중에서 상대방이 좋아할만한 말을 덧붙여 가며 스토리텔링을 하는 것을 보면 알 수 있다. 서사 시인들에게 거짓말을 기술적으로 하는 방법을 가르친 사람은 호메로스였다. 이 기술의 비밀은 잘못된 추론(fallacy)이다. 처음의 어떤 일을 보고 두 번째 일도 역시 그러하게 될 것이라고 생각하는 게 사람들의 자연스러운 추론이다. 사람들은 두 번째와 마찬가지로 첫 번째 일도 있었을 것이라고 생각한다. Assuming that if one thing is or becomes, a second is or becomes, men imagine that, if the second is, the first likewise is or becomes. 그러나 이것은 잘못된 추론(false inference, faux raisonnement)이다. 첫 번째 것이 사실이 아니고 두 번째 것이 사실이라면 첫 번째 것이 일어났다고 덧붙일 필요도 없다. 사람들은 첫 번째 것도 사실일 것이라고 잘못 추론하기 때문이다. 오디세이의 목욕 장면이 그런 예이다.

따라서 시인은 개연성이 없는 가능성보다는 개연성이 있는 불가능성을 더 선호해야만 한다. The poet should prefer probable impossibilities to improbable possibilities. 그리고 이야

기 줄거리는 불합리한 부분들로 이루어져서는 안 된다. 오이디푸스가 아버지 라이오스(Laius)의 사망 경위를 모르는 것 같은 불합리한 요소들은 극의 줄거리 밖에서 일어나야지 드라마 안에 있어서는 안 된다. 『엘렉트라』에서 피토스 경기(Pythian games)에 관한 메신저의 보고나, 『미시아 사람들(the Mysians)』에서 테게아(Tegea)로부터 미시아(Mysia)에 도착한 인물이 아무 말이 없었다는 것 등이 모두 극의 밖에서 일어나는 일이다. 이런 불합리한 요소들이 없으면 비극도 없다, 라는 주장은 우스꽝스러운 일이다. 애초부터 이런 종류의 이야기를 만들지 말아야 한다.

그러나 불합리(the irrational)한 것이라도 거기에 어떤 그럴듯함(an air of likelihood)이 있다면 다소 우스꽝스럽더라도 우리는 그것을 인정해야만 한다. 『오디세이아』에도 아주 불합리한 장면이 있다. 오디세우스가 배에서 내리는 장면인데, 만일 열등한 시인이 이 주제를 다루었다면 이 장면은 참을 수 없었을 것이다. 그러나 우리가 볼 수 있듯이 호메로스는 이야기에 신랄함을 더함으로써 그 불합리성을 감추었다.

아무 행동이 없고, 성격 묘사나 생각의 제시도 없는 부분에서는 특별히 세심한 표현이 이루어져야 한다. 그러나 지나치게 화려한 표현은 성격과 생각을 가릴 수 있다.

제25장

어떤 일이 개연성에 반하여 일어날 수 있다는 사실 또한 개연성이다

서사시에 관련된 심각한 문제들과 그 해결 방법, 그리고 이것들을 제공해 줄 원천의 성격과 수(數)를 밝혀 보려 한다.

시인은 화가나 기타 기술자(artist)들과 마찬가지로 모방 기술자이다. 그러므로 어떤 경우에서든지 다음의 셋 중 하나를 묘사하기 위해 그의 기술을 사용해야 한다. 첫째, 실제로 있는, 또는 있었던 일(things as they were or is), 둘째, 사람들에 의해 말해지거나 혹은 그러하다고 생각되는 일(things as they are said or thought to be), 셋째, 당연히 있어야 하는 일(things as they ought to be) 등이다. 표현의 수단은 언어이며, 언어란 일상어, 낯선 말, 은유 등이다. 이외에도 우리는 시인들에게 자유스러운 언어의 변화(modifications of language)를 용인한다.

뿐만 아니라, 언어의 정확성이라는 기준은 시와 정치학이 같지 않고, 시와 다른 예술도 같지 않다. 시에는 두 종류의 잘못이 있을 수 있다. 하나는 본질적 잘못이고 다른 하나는 우연한 잘못이다. 시인이 뭔가 묘사하려 했는데 능력이 부족해 이루지 못했다면 그것은 시 창작 기술(art of poetry)의 잘못이다. 그러나 시인이, 예컨대 달리는 말이 오른편 두 다리를 동시에 앞으로 내미는 묘사를 했거나, 의학 혹은 기타 분야에서 기술적 실수를 범했다면 그것은 시 자체의 잘못이 아니다. 그러므로 문제가 생겼을 때는 그 관점들을 면밀히 관찰하여 비판해야 할 것이다.

우선 시 창작 기술에 관한 비판부터 시작해 보자. 시인이 불가능한 것을 묘사했다면 잘못은 그에게 있다. 그러나 그렇게 함으로써 예술의 목표가 달성되었다면 잘못은 정당화된다. 다시 말하면 이 방식으로 시적 효과가 한층 강렬하게 된다. 헥토르의 추격이 그 한 예이다. 그러나 시 창작 기술의 규칙을 어기지 않고도 목표가 비슷하게 혹은 더 잘 달성될 수 있다면 이 오류는 정당화될 수 없다. 가능한 한 오류는 피해야 하기 때문이다.

오류에는 시학적인 오류와 우연한 오류 두 카테고리가 있는데 문제가 된 오류가 어디에 속하는지부터 알아야 한다. 왜냐하면 암사슴에게 뿔이 없다는 것을 모르는 것은 그것을 비예술적으로 그리는 것보다는 훨씬 덜 심각한 문제이기 때문이다.

게다가 묘사가 사실적이 아니다(the description is not true to fact)라고 말하는 사람이 있다면 시인은 아마도 소포클레스의 주장에 따라 "대상은 바람직한 모습으로 재현되어야 한다(But the objects are as they ought to be)"라고 반박할 것이다. 에우리피데스는 인물들을 있는 그대로의 모습으로 그렸지만, 소포클레스는 당위성에 따라, 즉 있어야 할 모습으로 그렸다(he drew men as they ought to be). 이런 식으로 반박은 해명이 될 것이다.

그러나 재현이 이 두 가지 방식이 아닐 때 시인은, 마치 신들의 얘기를 할 때처럼, "사람들이 이렇게 말했지"라고 대답할 수도 있다. 아마도 이런 스토리들은 인물이나 사건을 사실보다 높게 그리지도 않고 또 사실에 부합해 그리지도 않았을 것이다. "이것이 이야기의 진실이다"라고 즐겨 말했던 크세노파네스(Xenophanes)의 경우가 여기에 해당될 것 같다. 어떻든 다시 한 번 말하거니와 묘사는 사실보다 더 높은 수준이어서는 안 되고, 또 그 시대와 맞아야 한다. 무기에 대한 묘사로 "창들은 개머리판을 바닥으로 해서 곧추서 있었다"라는 구절이 있는데, 지금은 일리리아 사람들에게만 남아 있지만, 이것은 그 당시의 관습이었다.

다시 말하지만, 시 안에서 등장인물에 의해 말해지거나 행해진 것이 시적으로 옳으냐 아니냐를 조사하면서 우리는 특정의 행동이나 말만 문제 삼아서는 안 되고 그것이 시적으로 훌륭한지 아닌지를 물어야 한다. 우리는 또 이것을 누가 말했고 누가 행했는지, 그리고 누구에게, 언제, 어떤 수단으로, 어떤 목적으로 말하고 행해졌는지를 숙고해 보아야 한다. 연극이 더 나쁘게 되지 않도록, 그리고 더 훌륭하게 될 수 있도록 하기 위해서이다.

다른 문제들은 적합한 언어 사용에 의해 해결될 수 있다. 예를 들자면 "먼저 노새들을 (때려눕혔다)"와 같은 문구에 나타난 낯선 말이 그런 경우이다. 여기서 '노새'(mules)는 노새를 뜻하지 않고 '보초'(sentinels)를 뜻하는 것인지도 모른다. "자세히 들여다보니 그는 정말 혐오감을 준다(ill-favored indeed he was to look upon)"라는 돌론(Dolon)의 말도 그의 몸이 불구(his body was ill-shaped)라는 뜻이 아니라 그의 얼굴이 잘생기지 못했다(his face was ugly)는 뜻이다. 왜냐하면 크레타 사람들은 '에우에이데스(eueides, well-favored)'라는 말을 얼굴이 잘생겼다는 뜻으로 쓰기 때문이다. "술을 더 활기차게 섞다(mix the drink livelier"라는 문구도 술꾼들을 위해 독한 술을 만든다(mix it stronger)는 이야기가 아니라 술을 빠르게 섞는다(mix it quicker)는 뜻이다.

가끔 표현은 은유적일 수도 있다. 예컨대 호메로스는 "아가멤논이 트로이 벌판 쪽을 바라볼 때마다 대금과 피리 소리가 들려오는 것에 놀랐다"라고 하면서 동시에 "모든 신과 인간이 밤새도록 잤다"고 썼다. 여기서 '모든'(all)은 '많은'(many)의 은유이다. '모두'는 '많음'의 한 종(種, species)인 까닭이다. "그녀 혼자만 참여하지 않았다"는 구절에서 '혼자만'(alone)도 은유적이다. 왜냐하면 "가장 잘 알려진 자(the best known)"는 '유일한 혼자(the only one)'이기 때문이다.

액센트나 호흡법으로 해결될 수도 있다. 타소스(Tasos)의 히피아스(Hippias)는 didomen de hoieuchos aresthai를 to men hou kataputhetai ombro로 표현했다.

구두점을 통해 단어들을 분리시킴으로써 해결되는 문제도 있다. 예를 들면 엠페도클레스의 문장은 "영원불멸하는 법을 알던 것들이 갑자기 죽음에 이르게 되었고, 과거에 순수하던 것들이 혼합적인 것으로 되었다"로 읽을 수 있다.

또 다른 구절들은 단어의 두 번째 의미로 해석이 되기도 한다. 예를 들어 parocheken de pleo nux라는 문장이 있는데, 이때 pleo는 이중의 의미를 갖고 있기 때문이다.

어떤 문제는 우리말의 관습적 용법을 참작하여 풀 수 있다. 혼합된 음료는 '포도주'(wine)로 불리는데, 그래서 가니메데(Ganymede)는 "제우스에게 포도주를 따랐다"고 말해지는데, 실상 신들은 포도주를 마시지 않는다. 철 제조공들은 '구리 장인'(worker in bronze)이라고 불리는데 이것이 바로 메타포이다.

한 낱말이 모순을 내포하고 있을 경우 특정의 문맥에서 그 단어가 얼마나 많은 뜻을 간직하고 있는지를 생각해봐야 한다. 예를 들면 "거기 청동 창이 멈춰 서있다(there was stayed the spear of bronze)"는 구절에서 우리는 검문의 방법이 무수하게 많다는 것을 생각해 보아야 한다.

시를 옳게 해석하려면 글라우콘이 잘못된 비평이라고 언급했던 방식을 피해야 한다. 그는 비평가들이 근거 없는 결론에 자주 미혹된다고 비판했었다. 즉 틀린 판단에서 출발해 추론하다가 자기들 머릿속에 떠오른 생각이 시인의 것이라고 멋대로 결정하고는 그것이 자기들 마음에 맞지 않을 때는 시인의 잘못으로 몰고 간다는 것이다. Critics, he says, jump at certain groundless conclusions; they pass adverse judgment and then proceed to reason on it; and, assuming that the poet has said whatever they happen to think, find fault if a thing is inconsistent with their own fancy.

이카리오스에 대한 문제도 이런 식으로 취급되었다. 비평가들은 그가 라코니아 사람이라고 생각했다. 그래서 텔레마코스가 라케다에몬에 갔을 때 그와 만나지 못한 것을 이상하다고 생각한다. 그러나 아마도 케팔레니아 사람들의 이야기가 옳을 것이다. 이들의 주장에 따르면 오디세우스가 자기네 출신 여자와 결혼했고 그녀의 아버지는 이카리오스가 아니라 이카디오스(Icadius)였다는 것이다. 그 반대 사실에 개연성을 두는 것은 완전히 오해라고 할 수 있다.

도저히 일어날 수 없는 일을 그렸다고 비판을 받는 경우에도, 만일 그것이 예술적 요구에 부합하거나, 좀 더 높은 현실을 보여주기 위해서였거나, 혹은 사람들의 통념에 따르는 것이었다면 정당화될 수 있다. 필요조건과 관련해 생각해 보자면, 개연성이 없지만 가능한 것 보다는 불가능하지만 개연성이 있는 것이 선호되어야 한다(a probable impossibility is to be preferred to a thing improbable and yet possible).

아마도 제우시스(Zeuxis)가 그린 인물들은 실존할 수 없을 것이다. 하지만 우리는 이렇게 말하련다. "불가능한 것이 더 고상한 것이다. 왜냐하면 이상적인 형태는 현실을 뛰어넘어야 하므로(the impossible is the higher thing; for the ideal type must surpass the reality)." 불합리성을 정당화하기 위해서는 사람들이 흔히 말하는 것에 기댈 수밖에 없다. 거기에 덧붙여 불합리성이 가끔은 합리성을 침해하지 않는다는 것을 주장해야 한다. "어떤 일이 개연성에 반하여 일어날 수 있다는 사실 또한 개연성이기 때문이다(it is probable that a thing may happen contrary to probability)."

모순적으로 보이는 일들 역시 변증술적 방식에 따라 검토되어야 한다. 즉 그것이 같은 사안을 두고 하는 말인지, 또 동일한 관계 동일한 의미로 사용되었는지를 확인해 보아야 한다. 그리하여 시인 자신의 말이나, 상식적인 생각을 고려하여 문제를 풀어야 한다.

불합리성과 악한 성격은, 그것을 연극에 반드시 도입해야할 내적 필연성이 없다면 철저하게 검열되어야 한다. 에우리피데스의 아이게우스(Aegeus) 도입부나, 『오레스테스』에서 메넬라오스(Menelaus)의 사악함이 그런 경우이다.

다음과 같은 다섯 가지 사항에 해당하는 시인들이 있으면 우리는 비판해야 한다. 그것은 불가능한 것(impossible), 불합리한 것(irrational), 도덕적으로 해로운 것(morally hurtful), 모순적인 것(contradictory), 예술적 엄정성에 반하는 것(contrary to artistic correctness) 등이다. 이러한 비판에 대한 답은 위에서 논의한 12 항목들에서 얻어야 한다.

제26장

비극은 최고의 예술

 서사적 모방이 더 우수한지 비극적 모방이 더 우수한지의 문제가 제기될 만하다. 품위 있는 작품이 좀 더 고상한 청중에 호소하는 고급의 예술이라면, 아무것이나 닥치는 대로 모방하는 작품은 저속한 예술임에 틀림없다. If the more refined art is the higher, and the more refined in every case is that which appeals to the better sort of audience, the art which imitates anything and everything is manifestly most unrefined. 연기자들은 관객을 연극도 이해하지 못하는 어리석은 사람들로 상정하고, 관객의 눈높이에 맞추기 위해 과장된 동작에 빠져든다. 관객이란 자신들의 어떤 성질이 무대 위에서 재현되지 않으면 아예 연극 자체를 이해하지 못한다고 그들은 생각하는 듯하다. 그래서 삼류 피리쟁이들은 마치 고리 던지기를 흉내 내기라도 하듯 몸을 꼬고 피리를 빙빙 돌리며, 『스킬라』를 공연할 때는 합창대 총지휘자를 난폭하게 밀치기도 한다.

비극도 이와 비슷한 결점을 갖고 있다고 사람들은 말한다. 연로한 배우들이 자신들의 후계자들을 코믹한 소재로 삼아 사람들을 즐겁게 해주었던 것을 생각해 볼 필요가 있다. 미니스코스(Mynniscus)는 칼리피데스(Callippides)를 과장이 심하다 하여 '원숭이'라 불렀는데, 핀다로스(Pindarus) 또한 선배에 대해 같은 생각을 했다.

비극과 서사시의 관계는 젊은 배우와 원로 배우의 관계와 같다. 흔히 서사시는 몸짓이 필요 없는 고상한 청중을 위한 것(addressed to a cultivated audience, who do not need gesture)이고, 비극은 좀 더 열등한 관객을 위한(to an inferior public) 것이라고들 말한다. 이처럼 품위가 없으므로 비극은 이 둘 중에서 좀 더 저열한 예술이라는 것(the lower of the two)이다.

그러나 첫째로, 이 비난은 운문(the poetic)에 대한 것이 아니라 연기(the histrionic art)에 대한 것이다. 서사시의 낭송에서도 역시 소시스트라토스(Sosistratus)처럼, 또는 서정시

경연 대회에서 오푸스 사람(Opuntian) 므나시테오스(Mnasitheus)가 그러했듯 과장된 몸짓을 사용할 수 있으니 말이다. 둘째로, 모든 동작(action)을 배격해야 하는 것은 아니다. 그것은 춤도 다 없애야 한다는 말이 된다. 단지 저열한 연기자(bad performers)를 제외해야 한다는 것이 나의 주장이다. 과거 시대의 칼리피데스와 요즘의 일부 연극에서 방탕한 여자를 재현한 것들이 그런 예가 되겠다. 뿐만 아니라 비극은 서사시와 마찬가지로 연기하지 않고서도(without action) 그 목적을 달성한다. 순전히 낭송하는 것만으로 비극의 힘을 느낄 수도 있다. 다른 모든 점에서 우수하다면 이 결함(그릇된 연기)은 비극의 본질적 성격은 아닌 것이다 (this fault is not inherent in it).

다음으로 비극은 서사시적 요소들을 가지고 있고, — 서사시적 운율까지도 사용할 수 있다 — 거기에 더하여 음악과 시각적 효과까지도 있고, 발랄한 즐거움을 자아내므로 좀 더 우수한 예술이다. 읽거나 공연물을 보거나 간에 이것은 아주 약동적인 인상을 준다(it has vividness of impression in reading as well as in representation). 더욱이 비극은 그 모방의 목적을 비교적 짧은 시간의 범위 안에서 달성하므로 더 우수하다. 서사시에 비하여 훨씬 압축된 형식이므로 긴 시간에 걸쳐 희석된 내용보다 더 큰 즐거움을 준다. 가령 소포클레스의 『오이디푸스』를 『일리아드』만큼 많은 시행(詩行)으로 바꾸어놓았다고 가정해보라. 뿐만 아니라 서사적 모방은 비극보다 통일성이 모자란다(the Epic imitation has less unity). 그러므로 한 편의 서사시를 가지고 여러 편의 비극을 만들어낼 수 있다.

만일 서사 시인이 채택한 스토리가 엄격하게 단일한 통일성을 유지한다면, 그 짧은 길이 때문에 이야기는 한 중간에서 잘린 듯이 보인다. 또는 서사시의 길이의 전범에 맞추다 보면 너무 물탄 듯이 약해 보인다. 예컨대 『일리아드』와 『오디세이아』처럼 여러 부분이 있는 긴 시를, 그 중 각 부분을 다시 길게 늘여 상당한 분량을 가진 본격적 서사시를 만든다면 그런 일이 벌어질 것이다. 그러나 물론 호메로스의 작품들은 구조가 더 할 수 없이 완벽하고, 각각의 부분은 단일한 줄거리의 모방(an imitation of a single action)이어서, 서사시가 도달할 수 있는 최고의 수준(the highest degree attainable)이다.

이 모든 면에서 우수하고, 예술의 특정 기능도 잘 수행하고 있다면 당연히 비극은 예술의 목적에 완벽하게 부응하는 최고의 예술이다. 왜냐하면 비극이나 서사시는 그냥 즐거움이 아니라 그 장르에 걸 맞는 즐거움을 산출해야 하기 때문이다(for each art ought to produce, not any chance pleasure, but the pleasure proper to it).

비극 및 서사시 일반, 각각의 종류와 가짓수, 두 장르의 차이점, 하나의 작품이 훌륭하거나 나쁘게 되는 이유, 비평가들의 반박, 그리고 그 반박에 대한 답변 등등에 관해서는 이상으로써 충분히 논의했다고 생각된다.

스토리텔링의 비밀이 된
아리스토텔레스의 시학

초판 1쇄 발행 2013년 9월 25일
초판 6쇄 인쇄 2024년 6월 10일

편저자 · 박정자
펴낸이 · 안병훈

펴낸곳 · 인문서재
등? 록 · 2004. 12. 27 제 300-2004-204호
주　소 · 서울시 종로구 대학로8가길 56 동숭빌딩 301호
전　화 · 02-763-8996(편집부) 02-3288-0077(영업마케팅부)
팩　스 · 02-763-8936
이메일 · info@guiparang.com
홈페이지 · www.guiparang.com

ⓒ 박정자, 2013
ISBN 978-89-6523-901-7　03300